SOMMAIRE

L'AUTEUR
Marie Teste
Agrégée d'économie et gestion
Enseigne en classes préparatoires DCG et DSCG

Comment définir la comptabilité ?

La comptabilité est un système d'organisation de l'information financière permettant de saisir, classer, enregistrer des données de base chiffrées et présenter des états reflétant une image fidèle du patrimoine, de la situation financière et du résultat de l'entité à la date de clôture.

- Traduction financière des opérations économiques de l'entreprise
- Traduction nécessaire en unité monétaire (€)
- Image fidèle : juste représentation de la réalité de l'entreprise
- ***3 ÉTAPES***
  1) saisir
  2) classer
  3) enregistrer

→ La comptabilité est le langage de la vie économique

Quels rôles joue la comptabilité ?

LES DIFFÉRENTS RÔLES DE LA COMPTABILITÉ

- Informer en interne : traduire les transactions de l'entreprise et analyser les données pour faciliter la prise de décision par les dirigeants
- Informer en externe les parties prenantes de l'entreprise : actionnaires, banquiers, fournisseurs, clients, salariés, administrations, État
- Servir de base : de calcul des impôts et de contrôle par les administrations ; alimenter les statistiques nationales
- Être un moyen de preuve entre commerçants

Quelles sont les relations avec le droit et l'économie ?

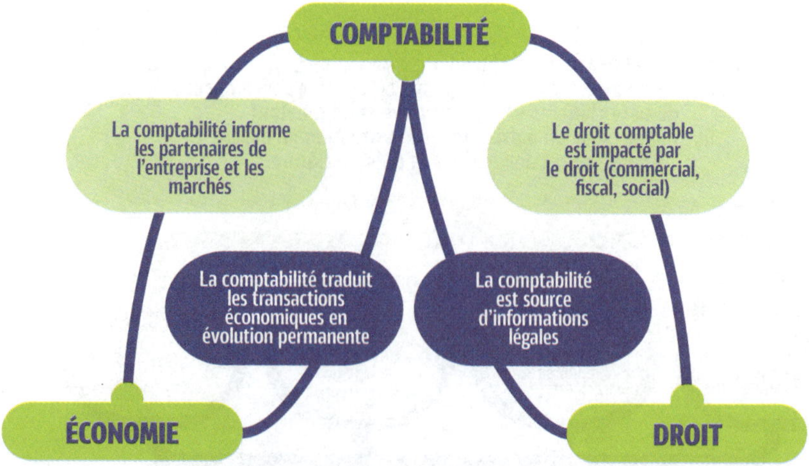

Pourquoi faut-il normaliser la comptabilité ?

Quelle est la hiérarchie des sources du droit comptable ?

En matière de droit comptable, la hiérarchie suit la règle qui vaut pour toute source de droit : toute norme inférieure doit être en accord avec les principes édictés par les normes qui lui sont supérieures.

- Réglementation internationale : directive européenne 2013/34/UE
- Texte législatif : Code de commerce
- Texte réglementaire : Plan Comptable Général
- Doctrine : avis et recommandations de l'Autorité des Normes Comptables, de l'Ordre des Experts-Comptables, de la Compagnie Nationale des Commissaires aux Comptes

Quel est le principal référentiel comptable en France ?

PCG
PLAN COMPTABLE GÉNÉRAL

- Texte de l'ANC, organisme français qui détient le monopole d'édiction des règles comptables en France
- Il est applicable à toutes les personnes physiques ou morales ayant l'obligation d'établir des comptes annuels en France
- Son contenu : principes comptables et modalités particulières d'application, modèles de comptes annuels, règles de tenue, structure et fonctionnement des comptes
- Mis à jour de façon continue et permanente par les règlements de l'ANC

Que disent les principes comptables ?

Les principes comptables sont les fondations de la comptabilité. Tout traitement ou écriture comptable repose sur ces conventions afin que les comptes annuels reflètent une image fidèle de la réalité.

PRINCIPES	EXPLICATIONS
Image fidèle	Représentation la plus juste possible de la réalité économique de l'entreprise. Cette notion implique la régularité des comptes (le respect des règles) et la sincérité des comptes (établis objectivement et de bonne foi)
Continuité d'activité	Les comptes sont établis dans une perspective de poursuite de l'activité de l'entreprise et non pas celle d'une cessation d'activité
Indépendance des exercices	À chaque période comptable sont rattachés les charges et les produits y afférant (et uniquement ceux-là)
Nominalisme = coût historique	Les éléments intègrent le patrimoine au coût d'entrée sans que cette valeur soit modifiée par la suite
Prudence	Les comptes annuels prennent en compte les risques identifiés pour ne pas faire peser sur les comptes futurs des incertitudes présentes
Permanence des méthodes	Les règles et méthodes comptables adoptées ne doivent pas être modifiées
Non-compensation	Les comptes d'actif ne peuvent être compensés avec les comptes de passif. Il en est de même entre les comptes de charge et les comptes de produit
Intangibilité du bilan d'ouverture	À l'ouverture d'une nouvelle période comptable, la comptabilité est à l'image de la clôture de l'exercice comptable précédent et ne peut être modifiée

Que recouvre la notion de comptes annuels ?

Les comptes annuels se composent du bilan, du compte de résultat et de l'annexe et sont établis à la clôture de l'exercice au vu des enregistrements comptables et de l'inventaire

De quoi se compose le bilan ?

Le bilan représente une photo du patrimoine de l'entreprise à la date de clôture

- Éléments actifs = Éléments identifiables du patrimoine ayant une valeur économique positive pour l'entité
- Éléments passifs = Éléments ayant une valeur économique négative pour l'entité, c'est-à-dire une obligation de l'entité à l'égard d'un tiers
- Capitaux propres = Présentés au passif, il s'agit des sommes apportées par les actionnaires et celles laissées à la disposition de l'entreprise

Comment se présente le bilan ?

BILAN DE L'ENTITÉ... au 31/12/N

ACTIF	PASSIF
Actifs immobilisés *Incorporels, corporels, financiers*	**Capitaux propres** *Capital, réserves, résultat*
Actifs circulants *Stocks, créances, disponibilités*	**Dettes**

- Actifs immobilisés : Éléments destinés à rester durablement dans l'entreprise
- Actifs circulants : Éléments qui se renouvellent rapidement
- Capitaux propres : Les capitaux propres apparaissent de façon distincte
- Dettes : Éléments de passif exigibles à une échéance connue

Valeur du patrimoine de l'entreprise
= valeur des capitaux propres
ACTIF - DETTES

De quoi se compose le compte de résultat ?

Le ***compte de résultat*** représente le film de l'activité de l'entreprise au cours de l'exercice

CHARGES
= sommes ou valeurs versées ou à verser

PRODUITS
= sommes ou valeurs reçues ou à recevoir

RÉSULTAT DE L'EXERCICE
Produits - Charges

BÉNÉFICES
Produits > charges
Enrichissement de l'entreprise

PERTES
Charges > produits
Appauvrissement de l'entreprise

Comment se présente le compte de résultat ?

Les flux enregistrés s'étalent sur la durée de l'exercice comptable

COMPTE DE RÉSULTAT DE L'ENTITÉ ...
Exercice du 01/01/N au 31/12/N

CHARGES	PRODUITS
Charges d'exploitation	Produits d'exploitation
Charges financières	Produits financiers
Charges exceptionnelles	Produits exceptionnels

RÉSULTAT DE L'EXERCICE
= Variation de la valeur du patrimoine de l'entreprise
PRODUITS - CHARGES

Comment relier bilan et compte de résultat ?

Le résultat de l'exercice modifie la valeur du patrimoine
Il est inscrit dans les capitaux propres à la date de clôture

BILAN DE L'ENTITÉ... au 31/12/N

ACTIF	PASSIF
Actif immobilisé	Capitaux propres Capital, réserves, **RÉSULTAT**
Actif circulant	Dettes

COMPTE DE RÉSULTAT DE L'ENTITÉ...
Exercice du 01/01/N au 31/12/N

CHARGES	PRODUITS
	PRODUITS
RÉSULTAT	

Qu'appelle-t-on le principe de la partie double ?

Les échanges économiques se traduisent par des flux entre l'entreprise et les parties prenantes

FLUX RÉEL
Bien ou service

FLUX FINANCIER
Monétaire

Une opération = deux flux en sens inverse
FLUX SORTANT ↔ FLUX ENTRANT

Le flux sortant procure une
RESSOURCE = LE CRÉDIT

Le flux entrant représente
UN EMPLOI = LE DÉBIT

Chaque opération est enregistrée en comptabilité en constatant à la fois l'emploi et la ressource
Principe de la partie double : Débit = Crédit

Comment les comptes permettent d'enregistrer les flux ?

Le plan de comptes prévoit une **codification décimale** par nature

Le plan est un **cadre** à respecter qui peut être **personnalisé** aux besoins de l'entreprise

LES COMPTES SONT ORGANISÉS EN 7 CLASSES

Classe 1 - Comptes de capitaux
Classe 2 - Comptes d'immobilisations
Classe 3 - Comptes de stocks et en-cours
Classe 4 - Comptes de tiers
Classe 5 - Comptes financiers
Classe 6 - Comptes de charges
Classe 7 - Comptes de produits

L'objectif d'un compte est de classifier les enregistrements comptables. Un exemple de présentation de compte :
Le compte schématique (appelé compte en T)

Numéro et libellé du compte

512 - Banque	
Opérations au débit Une date + un libellé + un montant en €	Opérations au crédit Une date + un libellé + un montant en €

DU CÔTÉ GAUCHE L'EMPLOI = LE DÉBIT

DU CÔTÉ DROIT LA RESSOURCE = LE CRÉDIT

Solde = différence entre les débits et les crédits	
Crédits > Débits = solde créditeur noté SC	Débits > Crédits = solde débiteur noté SD

Quel chemin suit une écriture comptable ?

JOURNAL → GRAND LIVRE → BALANCE GÉNÉRALE → ÉTATS FINANCIERS

Le journal est un livre obligatoire qui enregistre les mouvements de la comptabilité

	20/10/N		
411	Client	9 600	
707	Ventes de marchandises		8 000
44571	TVA collectée *Facture n° 123*		1 600

Date de l'écriture

Numéro des comptes mouvementés

Référence de l'écriture et de la pièce justificative

Sommes inscrites au débit

Sommes inscrites au crédit

Le grand livre est un livre obligatoire qui reprend, compte par compte, le solde à l'ouverture de la période, les mouvements de la période et qui permet de déterminer le solde à la fin de la période

La balance générale est un tableau récapitulatif des mouvements et des soldes des comptes à la fin de la période

Construction des états financiers

Soldes des comptes de bilan
Classes 1 à 5

BILAN	
Soldes débiteurs ACTIF	**Soldes créditeurs PASSIF**
	dont RÉSULTAT

Soldes des comptes de gestion

COMPTE DE RÉSULTAT	
Soldes débiteurs CHARGES	**Soldes créditeurs PRODUITS**
RÉSULTAT	

LE MÉCANISME ET LA DÉCLARATION DE LA TVA

3

Qu'est-ce que la TVA ?

La TVA est un impôt qui frappe les consommations de biens et de services, collecté par chacun des acteurs de la chaîne commerciale au profit de l'État. Seul le consommateur final supporte l'impôt.

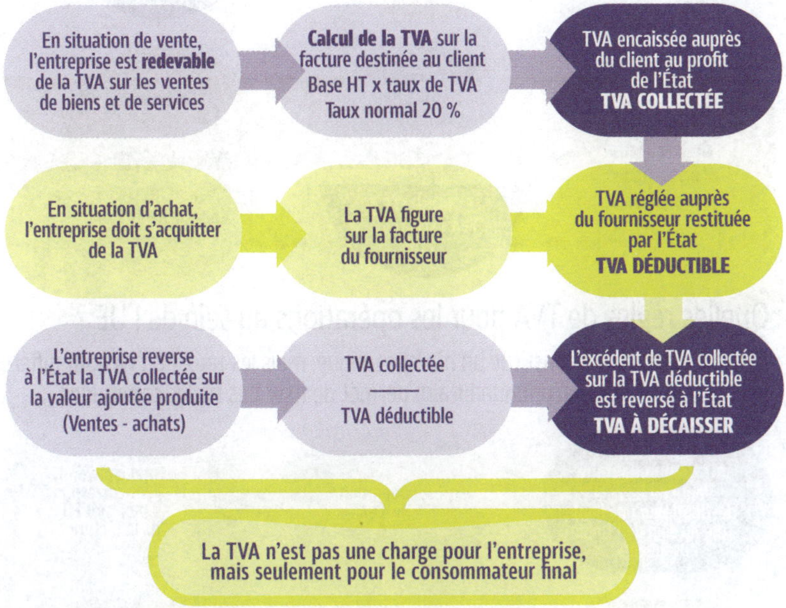

À quelle date la TVA est-elle due à l'État ?

Ventes réalisées en France	Fait générateur = Naissance du droit de créance de l'État sur la TVA	Exigibilité = Paiement effectif de la TVA à l'État
Livraisons de biens	Délivrance du bien	Délivrance du bien
Livraisons de services	Achèvement de la prestation	Encaissement de la prestation

Comment gérer le décalage de date pour les services ?

Pour les services, fait générateur et exigibilité ne sont pas liés au même événement, mais un prestataire de services peut avancer, sur option, la date d'exigibilité de la TVA à la date de facturation.

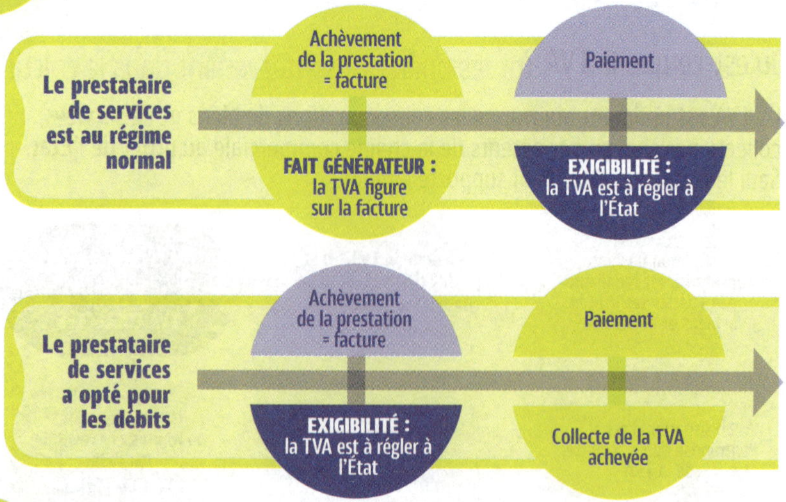

Quelles règles de TVA pour les opérations au sein de l'UE ?

L'Union européenne constitue un marché unique, mais les taux de TVA sont différents : le régime de TVA intracommunautaire permet de fixer des règles communes.

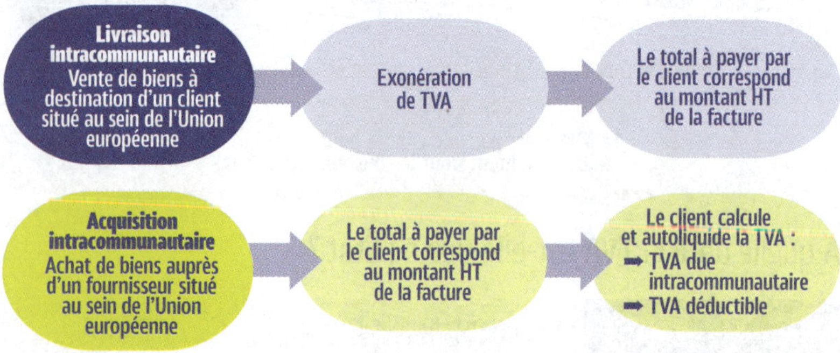

Quelles règles de TVA pour les opérations en dehors de l'UE ?

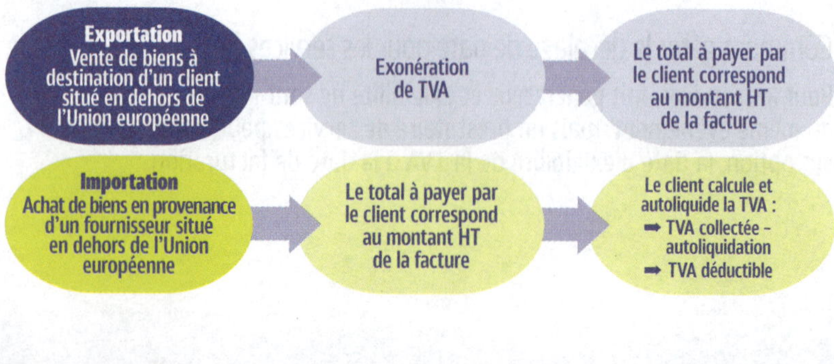

En synthèse, quelles sont les opérations intervenant dans le calcul de la TVA ?

Tableau de synthèse des opérations nécessaires à la détermination de la TVA à payer	
Opérations sur lesquelles l'entreprise a collecté de la TVA au profit de l'État	**TVA COLLECTÉE**
Ventes de biens en France	
Encaissement de services en France - régime normal	
Ventes de services en France - option pour les débits	
Acquisitions intracommunautaires	
Importations de biens - hors UE	
Opérations sur lesquelles l'entreprise a payé de la TVA à déduire de la déclaration	**TVA DÉDUCTIBLE**
Achats de biens en France	
Paiements de services en France - régime normal	
Achats de services en France - option pour les débits	
Importations de biens - hors UE	
Acquisitions intracommunautaires de biens	

Quels sont les différents régimes de TVA ?

Toute entreprise redevable a pour obligation d'établir une déclaration de TVA avant de s'acquitter de l'éventuel règlement. Le régime d'imposition dépend du chiffre d'affaires réalisé par l'entreprise.

Activité de l'entreprise	Régime de la franchise en base	Régime du réel simplifié	Régime du réel normal
Vente de biens	Chiffre d'affaires inférieur à 85 800 €	Chiffre d'affaires compris entre 85 800 € et 818 000 €	Chiffre d'affaires supérieur à 818 000 €
Prestations des services	Chiffre d'affaires inférieur à 34 400 €	Chiffre d'affaires compris entre 34 400 € et 247 000 €	Chiffre d'affaires supérieur à 247 000 €

Comment les entreprises déclarent-elles la TVA ?

Pour chaque régime, des modalités déclaratives différentes s'appliquent.

	Régime de la franchise en base	Régime du réel simplifié	Régime du réel normal
Modalités de déclaration	Aucune déclaration Les opérations sont exonérées de TVA	1 déclaration annuelle Formulaire CA12	12 déclarations mensuelles Formulaire CA3
Modalités de paiement	Non applicable	Versement de 2 acomptes semestriels Régularisation en fin d'année	Versement mensuel de la TVA due
Option possible pour un autre régime	OUI pour le régime du réel simplifié	OUI pour le régime du réel normal	NON

Au régime normal, comment se calcule la TVA mensuelle ?

La déclaration de TVA reprend les éléments nécessaires au calcul de la TVA : TVA collectée sur les opérations soumises et TVA déductible versée sur les achats réalisés.

Sous quelle forme transmettre la déclaration de TVA ?

Les transmissions de déclarations à l'administration fiscale doivent être réalisées de façon dématérialisée.

2 modes de transmission possibles

- **EFI = Échange de formulaire informatisé**
  ➡ **fichier au format PDF**
- **EDI = Échange de données informatisé**
  ➡ **fichier informatique issu d'un logiciel de comptabilité agréé par la DGI**

Quelles activités commerciales l'entreprise réalise-t-elle ?

Une bonne analyse de l'activité principale de l'entreprise permet d'identifier les comptes adaptés pour l'enregistrement des ventes et des achats.

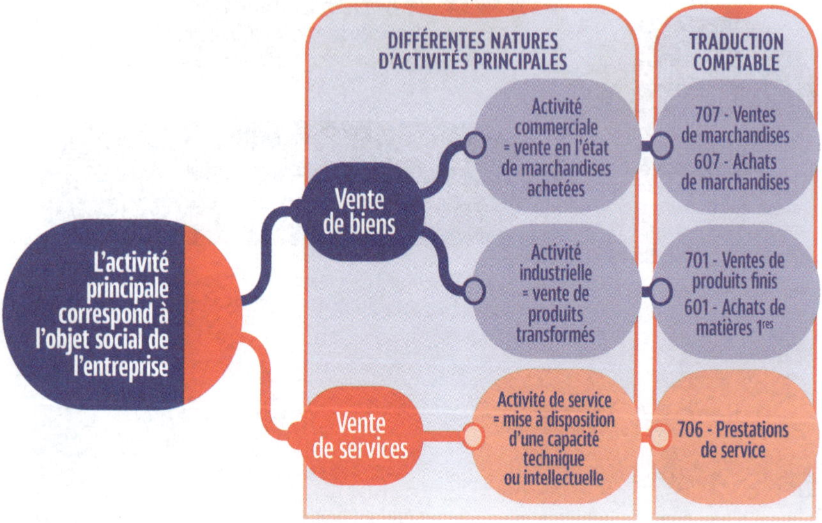

Une même entreprise peut avoir différentes activités principales, par exemple vendre des biens (activité commerciale) et en assurer la réparation (prestation de services).

Quels sont les éléments clés d'une facture ?

La facture est un document commercial, qui doit obligatoirement être établi lorsque le client est un professionnel et comporte de nombreuses mentions obligatoires pour être valide. Il est possible de l'établir de façon dématérialisée. La facture constitue la pièce justificative de l'écriture de vente.

Identité du fournisseur

VELOCITY
27 chemin des Mésanges
74000 ANNECY
SARL au Capital de 800 euros
RCS Annecy 1236789
SIRET 3414365423654
TVA FR23341543654

Référence de la facture

Facture n° 1065

Date de la facture

Annecy, le 20/10/N

Identité du client

SAS SOURAIN
23 Bd de la Grande Butte
74000 Annecy

Description des produits Prix catalogue

Désignation	Quantité	Prix unitaire	Montant
Vélos électriques	9	1 000	9 000
Sacoches	20	50	1 000
		Montant	10 000
		Remise revendeurs 10 %	1 000
		1er net commercial	9 000
		Rabais vélo défaut de couleur	500
		2e net commercial	8 500
		Escompte pour paiement sous huitaine 1 %	85
		Net financier	8 415
		TVA à 20 %	1 683
		Net à payer TTC	**10 098**

Le net commercial s'obtient en soustrayant les remises commerciales

Le net financier s'obtient en soustrayant l'escompte

Le TTC s'obtient en ajoutant la TVA

Comment analyser les différentes réductions sur vente ?

Réductions à caractère commercial	Remise	Accordée de façon habituelle : - pour certaines ventes - pour certains clients
	Rabais	Accordé exceptionnellement à titre de dédommagement : - en cas de défaut du produit - en cas de retard de livraison ou pour tout autre préjudice subi par le client
	Ristourne	Accordée sur un ensemble d'opérations faites avec un même client pendant une période déterminée
Réductions à caractère financier	Escompte	Accordé pour paiement comptant ou avant l'échéance initialement prévue

Pour quelles raisons l'entreprise émet-elle un avoir ?

L'avoir est un document commercial qui vient modifier postérieurement à une vente les conditions initiales de l'opération en indiquant la somme que le fournisseur doit à son client. C'est donc l'inverse d'une facture de doit.

3 motifs

- Le client a retourné des produits qu'il ne souhaite pas conserver → **Avoir pour retour de marchandises**
- L'entreprise accorde a posteriori une remise, un rabais ou une ristourne → **Avoir pour remise commerciale**
- Le client a réglé sa facture avant l'échéance fixée au départ → **Avoir pour remise financière**

La structure d'une facture d'avoir est identique à celle d'une facture de vente. La dernière ligne précise qu'il s'agit d'une dette du vendeur envers son client (Net à votre crédit).

Comment enregistrer une facture de vente ?

FACTURE N° 1065	
Vente de marchandises	10 000
Remise 10 %	1 000
1er Net Commercial	9 000
Rabais	500
2e Net Commercial	8 500
Escompte 1 %	85
Net financier	8 415
TVA à 20 %	1 683
Net à payer	**10 098**

À NOTER

- La vente est enregistrée pour le net commercial
- L'escompte est isolé dans un compte de charges financières
- La TVA constitue une dette envers l'État
- La créance client est TTC

	Quantité		
411	Client	10 098	
665	Escompte accordé	85	
707	Ventes de marchandises		8 500
44571	TVA collectée		1 683
	Facture n°F1065		

Comment enregistrer un avoir pour retour de biens ?

AVOIR N° 164	
Retour de marchandises	500
Remise 10 %	50
Net Commercial	450
TVA à 20 %	90
Net à votre crédit	**540**

À NOTER
- L'écriture est à l'inverse de la vente
- L'avoir est établi aux conditions de la facture de vente initiale

	Date avoir		
707	Ventes de marchandises	450	
44571	TVA collectée	90	
411	Client		540
	Avoir n° 164		

Comment enregistrer un avoir pour escompte ?

AVOIR N° 165	
Escompte	15
TVA à 20 %	3
Net à votre crédit	**18**

À NOTER
- L'avoir pour escompte est fréquent : la réduction financière est accordée après la vente en cas de règlement anticipé

	Date avoir		
665	Escompte accordé	15	
44571	TVA collectée	3	
411	Client		18
	Avoir n° 165		

Comment enregistrer un avoir pour réduction commerciale ?

AVOIR N° 166	
Rabais	500
TVA à 20 %	100
Net à votre crédit	**600**

À NOTER
- Le compte RRR n'est utilisé que lorsque la réduction figure sur un avoir
- Le compte 709 suit la même subdivision que le compte de vente

	Date avoir		
7097	RRR accordé sur vente de march.	500	
44571	TVA collectée	100	
411	Client		600
	Avoir n° 166		

Quelles sont les différentes modalités de règlement ?

Vente au comptant	Paiement concomitant à la vente
Vente à crédit	Paiement à une échéance ultérieure fixée par le vendeur
Avances et acomptes	Paiement partiel exigé par le fournisseur avant la livraison du bien ou l'achèvement de la prestation

Comment enregistrer un règlement reçu du client ?

Au moment de la facture : La somme due par le client est inscrite au débit du compte 411

→ **Au moment du paiement :** Le compte 411 est crédité. Le compte débité dépend de la nature du règlement : 512 Banque (chèque ou virement) 531 Caisse (espèces)

Comment enregistrer une vente au comptant ?

Dans le cas d'une vente au comptant, le règlement du client intervient de façon concomitante à la vente : une vente est enregistrée en deux temps à une seule et même date.

ENREGISTREMENT DE LA FACTURE DE VENTE → **ENREGISTREMENT DE L'ENCAISSEMENT**

Faut-il constater les acomptes reçus ?

En cas de versement anticipé, la somme reçue ne constitue pas une vente partielle mais une dette temporaire envers le client.

UN CLIENT VERSE UN ACOMPTE DE 50 € AU MOMENT DE LA COMMANDE

À NOTER
- L'acompte versé sera déduit du montant TTC de la facture
- Le compte 4191 sera soldé au moment de l'enregistrement de la vente

	Date acompte		
512	Banque	50	
4191	Client – acompte reçu sur commande		50
	Virement n°xxx		
	Avoir n° 165		

Comment transposer ces règles à l'enregistrement des achats ?

L'enregistrement comptable d'un achat de bien suit les mêmes règles que pour une vente, avec une inversion complète du sens des opérations et une adaptation des numéros de compte.

COMPTABILITÉ DU FOURNISSEUR	
Le fournisseur réalise une vente	701 Ventes de produits finis 707 Ventes de marchandises
Le fournisseur collecte la TVA au profit de l'État	44571 TVA collectée
Le fournisseur constate qu'il a une créance sur son client	411 Clients
Le fournisseur a accordé un escompte pour règlement avant l'échéance prévue	665 Escomptes accordés
Le fournisseur a reçu de la part de son client un règlement en avance	4191 Clients – Avances et acomptes reçus sur commandes

COMPTABILITÉ DU CLIENT	
Le client réalise un achat	601 Matières premières 602 Autres approvisionnements 606 Achats de matières et fournitures 607 Achats de marchandises
Le client règle la TVA qu'il pourra ensuite déduire	44566 TVA déductible sur Autres Biens et Services
Le client constate qu'il a une dette envers son fournisseur	401 Fournisseurs
Le client a obtenu un escompte pour règlement avant l'échéance prévue	765 Escomptes obtenus
Le client a réalisé un règlement anticipé auprès de son fournisseur	4091 Fournisseurs – Avances et acomptes versés sur commandes

5 LES FRAIS ACCESSOIRES

Qu'appelle-t-on frais accessoires ?

Éléments complémentaires facturés par le vendeur en plus des produits

- **Frais de transport de la marchandise**
- **Frais d'assurance pendant le transport**
- **Honoraires et commissions liés à la transaction**

Comment enregistrer ces frais chez le vendeur ?

FACTURE N° 1066	
Vente de march.	1 000
Frais de port	150
Total HT	1 150
TVA à 20 %	230
Net à payer	**1 380**

À NOTER

- S'agissant d'un complément de facturation, ces éléments sont inclus dans la base taxable à la TVA
- Le compte 708 enregistre les produits accessoires

	Date facture		
411	Client	1 380	
707	Ventes de marchandises		1 000
7085	Ports et frais accessoires facturés		150
44571	TVA collectée		230
	Facture n°F1066		

Comment enregistrer ces frais chez l'acheteur ?

2 manières différentes d'enregistrer les frais accessoires d'achat

1. Les frais accessoires d'achat sont enregistrés dans les comptes de charge en fonction de leur nature ①
   - 6221 Commissions et courtages sur achats
   - 6163 Assurance-transport
   - 6241 Transports sur achats
2. Les frais accessoires d'achat sont ajoutés aux achats auxquels ils s'appliquent ②
   - Comptes 601, 602, 606, 607 Selon les achats réalisés

FACTURE N° 1067	
Marchandises	1 000
Frais de port	150
Total HT	1 150
TVA à 20 %	230
Net à payer	**1 380**

À NOTER

- Selon la méthode choisie, les frais accessoires sont enregistrés dans des comptes différents
- La dette envers le fournisseur n'est pas modifiée

MÉTHODE 1

Les frais sont enregistrés dans un compte de charge par nature

	Date facture		
607	Achats de marchandises	1 000	
6241	Transports sur achats	150	
44566	TVA déductible sur ABS	230	
401	Fournisseur		1 380
	Facture n°F1067		

MÉTHODE 2

Les frais sont enregistrés dans le même compte que la marchandise

	Date facture		
607	Achats de marchandises	1 150	
44566	TVA déductible sur ABS	230	
401	Fournisseur		1 380
	Facture n°F1067		

À quelle notion correspond le terme de « débours » ?

Le vendeur agit dans ce cas sur mandat de la part du client à qui il va rendre compte exactement du montant de la dépense. Il ne s'agit pas pour lui d'un complément de facturation mais d'une somme récupérée auprès du client pour être reversée au prestataire. La dépense est inscrite TTC sur la facture de vente.

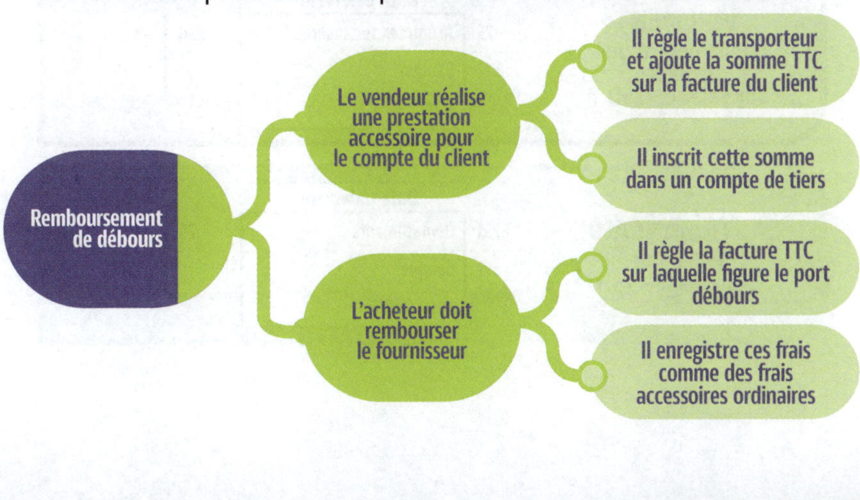

6 LES RÈGLEMENTS ET LES MODALITÉS DE CRÉDIT

Quels sont les modes de règlement au comptant ?

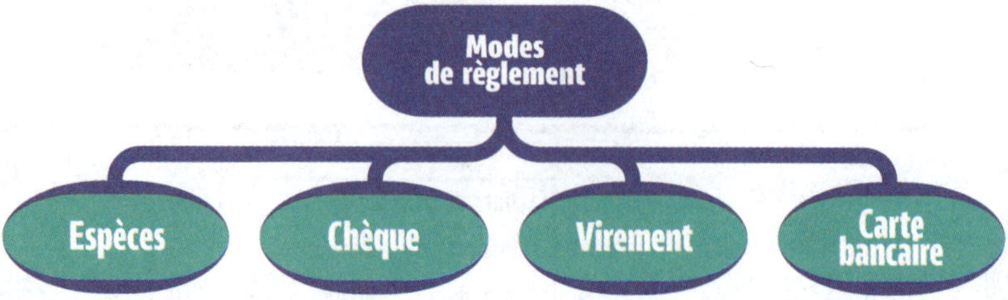

Comment enregistrer les paiements émis ?

ESPÈCES
Paiement d'un pourboire à un livreur - 10 €

	Date paiement		
6238	Pourboires	10	
531	Caisse		10
	PC n°1		

CHÈQUE
Paiement au fournisseur PAUL 350 €

	Date paiement		
401	Fournisseur PAUL	350	
512	Banque		350
	Chèque n°123		

VIREMENT
Paiement d'un acompte sur salaire - 250 €

	Date paiement		
425	Acomptes sur salaires	250	
512	Banque		250
	Virement n°1		

CARTE BANCAIRE
Paiement d'un péage - 25 €

	Date paiement		
6251	Déplacements	25	
512	Banque		25
	Reçu APPRR		

Comment enregistrer les paiements reçus ?

ESPÈCES
Règlement du client PAUL - 100 €

	Date encaissement		
531	Caisse	100	
411	Client PAUL		100
	Reçu n°1		

CHÈQUE
Règlement du client LEON - 250 €
Le chèque est enregistré dans un compte transitoire jusqu'au dépôt

	Date réception		
5112	Chèque à encaisser	250	
411	Client LEON		250
	Chèque reçu n°456		
	Date dépôt		
512	Banque	250	
5112	Chèque à encaisser		250

VIREMENT
Règlement du client JEAN - 450 €

	Date paiement		
512	Banque	450	
411	Client JEAN		100
	Virement reçu n°2		

CARTE BANCAIRE
Règlement du client MARTIN - 120 €
La banque crédite le compte en prélevant 5 € de frais

	Date paiement		
5115	CB à encaisser	120	
411	Client MARTIN		120
	Ticket CB		
	Date encaissement		
512	Banque	115	
627	Services bancaires	5	
5115	CB à encaisser		120

Qu'est-ce qu'un effet de commerce ?

Un effet de commerce est à la fois un moyen de paiement et un moyen de crédit :

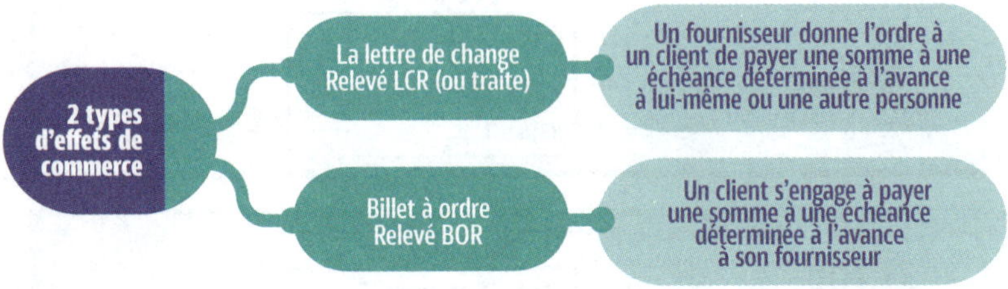

Quels sont les traitements comptables ?

15/10 - Facture du fournisseur PAUL au client JEAN 100 € HT

Dans la comptabilité de PAUL

	15/10		
411	Client JEAN	120	
707	Marchandises		100
44571	TVA collectée		20
	Facture n°xx		

Dans la comptabilité de JEAN

	15/10		
607	Marchandises	100	
44566	TVA déd/ABS	20	
401	Frs PAUL		120
	Facture n°xx		

(suite du schéma)

17/10 - Acceptation de la LCR par le client JEAN - échéance au 30/11

Dans la comptabilité de PAUL

	17/10		
413	Effets à recevoir	120	
411	Client JEAN		120
	LCR n°xx au 30/11		

Dans la comptabilité de JEAN

	17/10		
401	Fournisseur PAUL	120	
403	Effets à payer		120
	LCR n°xx au 30/11		

28/11 - 2 jours avant l'échéance - PAUL remet la LCR à la banque

Dans la comptabilité de PAUL

	28/11		
5113	Effets à l'encaisst	120	
413	Effets à recevoir		120
	LCR n°xx échéance		

Dans la comptabilité de JEAN

Aucune écriture

Cette opération ne concerne pas le client

30/11 - La banque traite l'opération et facture 10 € HT de frais

Dans la comptabilité de PAUL

	30/11		
512	Banque	108	
627	Services bancaires	10	
44566	TVA déd/ABS	2	
5113	Effets à l'encaisst		120

Dans la comptabilité de JEAN

	30/11		
403	Effets à payer	120	
512	Banque		120
	Avis débit n°xx		

Qu'est-ce qu'une LCR magnétique ?

La LCR magnétique n'a aucun support papier. Elle a été créée sous la forme d'un enregistrement informatique et échappe aux règles du droit cambiaire. Sur le plan comptable, aucune écriture n'est enregistrée avant le paiement effectif.

Quels sont les traitements comptables applicables à une LCR magnétique ?

15/10 - Facture du fournisseur PAUL au client LEO 100 € HT

Dans la comptabilité de PAUL

	15/10		
411	Client LEO	120	
707	Marchandises		100
44571	TVA collectée		20
	Facture n°xx		

Dans la comptabilité de LEO

	15/10		
607	Marchandises	100	
44566	TVA déd/ABS	20	
401	Frs PAUL		120
	Facture n°xx		

15/10 - Émission de la LCR par le fournisseur PAUL - échéance au 30/11

Dans la comptabilité de PAUL

Aucune écriture

La créance reste dans le compte 411

Dans la comptabilité de JEAN

Aucune écriture

La dette reste dans le compte 401

30/11 - La banque traite l'opération et facture 10 € HT de frais

Dans la comptabilité de PAUL

	30/11		
512	Banque	108	
627	Services bancaires	10	
44566	TVA déd/ABS	2	
411	Client LEO		120
	Avis crédit n°xx		

Dans la comptabilité de LÉO

	30/11		
401	Fournisseur PAUL	120	
512	Banque		120
	Avis débit n°xx		

Quelle est la classification comptable des services ?

Les opérations de vente ou d'achat de prestations de service sont enregistrées dans les comptes de charge ou de produit par nature :

Chez le vendeur	**704** - *Travaux* **705** - *Études* **706** - *Prestations de service*
Chez l'acheteur	**61** - *Services extérieurs* **62** - *Autres services extérieurs*

Comment gérer en comptabilité le décalage entre fait générateur et exigibilité ?

Si l'entreprise n'exerce aucune option, le régime de TVA qui s'applique est celui de la TVA sur les encaissements.

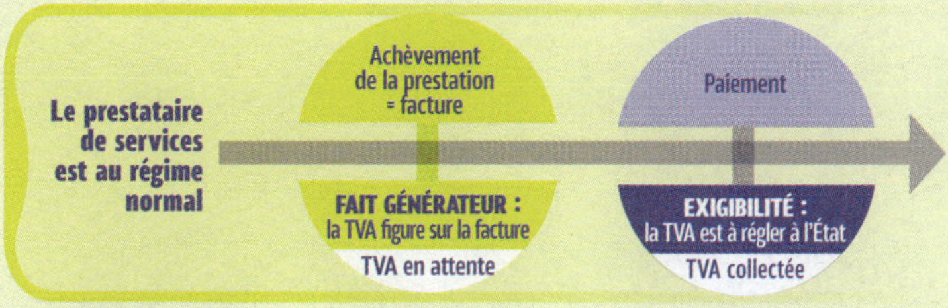

Chez le vendeur	**44574** - *TVA collectée sur encaissements*	**44571** - *TVA collectée*
Chez l'acheteur	**44564** - *TVA déductible sur paiements*	**44566** - *TVA déductible / ABS*

Date de la vente : la TVA est inscrite dans un compte transitoire

Dans la comptabilité de PAUL

	Date facture		
411	Client JEAN	120	
706	Prest. de services		100
44574	TVA collectée sur encaissements		20
	Facture JEAN		

Dans la comptabilité de JEAN

	Date paiement		
622	Honoraires	100	
44564	TVA déductible sur paiements	20	
401	Frs PAUL		120
	Virement PAUL		

Date du paiement : la TVA devient exigible

Dans la comptabilité de PAUL

	Date paiement		
512	Banque	120	
44574	TVA collectée sur encaissements	20	
411	Client JEAN		120
44571	TVA collectée		20
	Virement JEAN		

Dans la comptabilité de JEAN

	Date paiement		
401	Frs PAUL	120	
44566	TVA déductible / ABS	20	
512	Banque		120
44564	TVA déductible sur paiements		20
	Virement PAUL		

Si l'entreprise opte pour les débits, la TVA est exigible au moment de la facturation : les comptes transitoires ne sont pas utilisés. Le régime choisi par le fournisseur est mentionné sur la facture et s'impose au client.

Quelles sont les particularités des écritures liées aux opérations avec des tiers étrangers ?

Les opérations réalisées par l'entreprise avec des tiers non localisés en France imposent une vigilance dans deux domaines :

- **Connaissances des règles en matière de TVA**
- **Prise en compte de la fluctuation des devises**

Quelle codification retenir pour identifier ces opérations ?

Le schéma d'enregistrement comptable applicable à ces opérations est inchangé par rapport aux opérations réalisées en France. Seule la codification de certains comptes est modifiée :

Achats et ventes avec l'UE	• Ajout d'un 2 aux numéros de comptes des achats, des ventes, des comptes de tiers • *Exemple :* 607 - achats de marchandises ➡ 6072 - achats de marchandises UE
Achats et ventes en dehors de l'UE	• Ajout d'un 3 aux numéros de comptes des achats, des ventes, des comptes de tiers • *Exemple :* 401 - fournisseur ➡ 4013 - fournisseur UE

Comment enregistrer l'autoliquidation de la TVA sur les acquisitions intracommunautaires et sur les importations ?

L'autoliquidation inverse le redevable de la TVA : le vendeur facture HT et c'est l'acheteur qui a la charge de collecter la TVA pour l'État.

Achat de marchandises à un fournisseur italien 500 €
L'Italie appartient à l'UE = Acquisition intracommunautaire
TVA autoliquidée : 500 x 20 % = 100

	Date facture		
6072	Achats marchandises UE	500	
445662	TVA déd / ABS UE	100	
4012	Fournisseur UE		500
4452	TVA due intracommunautaire		100
	Facture frs italien		

Quelle incidence ont les règlements en devise sur les comptes ?

Le taux de change du jour de l’opération est rarement le même que celui du jour du règlement et génère des différences de change :

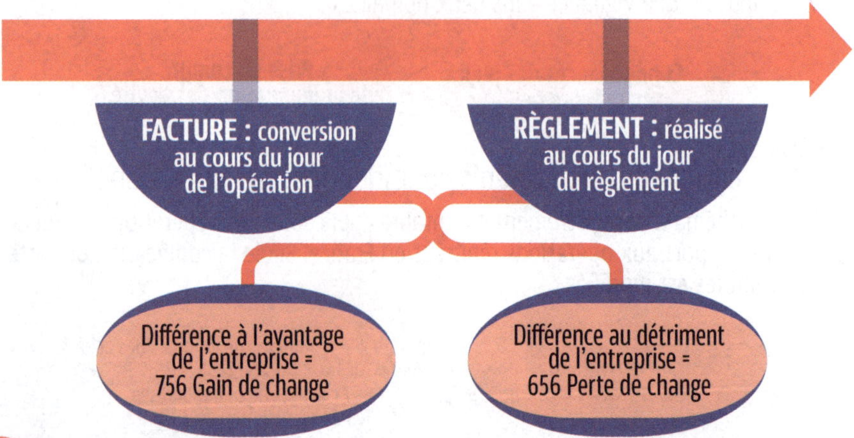

Comment enregistrer un gain ou une perte de change ?

Facture d’un fournisseur américain 100 USD
Cours 1 USD = 0,60 €

	Date facture		
6073	Achats marchandises hors UE	60	
4013	Fournisseur hors UE		60
	Achats US (100 x 0,6)		

Règlement par virement international 100 USD
Cours 1 USD = 0,58 €

	Date règlement		
4013	Fournisseur hors UE	60	
756	Gain de change		2
512	Banque		58
	Règlement US (100 x 0,58)		

Comment traiter les créances et dettes en devise à l'inventaire ?

À l'inventaire, les créances et les dettes libellées en devise sont **modifiées temporairement** pour être converties au taux de change de la date de clôture

- En cas de modification à l'avantage de l'entreprise
  Gain de change latent
  477 Différence de conversion Passif
- En cas de modification au détriment de l'entreprise
  Perte de change latente
  476 Différence de conversion Actif
  → Risque de perte de change
  Constitution d'une Provision pour perte de change - 1515

Comment enregistrer les différences de conversion ?

Créance ou dette en devise	01/12 - vente client anglais ACE : 1 000 GBP Cours du jour : 1 GPB = 1,30 €
Valeur avant inventaire ? *Cours du jour de la vente*	Valeur de la créance dans le compte 411 : 1 000 x 1,3 = 1 300 €
Valeur à l'inventaire ? *Cours du jour de la clôture*	31/12 - taux de change : 1 GPB = 1,25 € Valeur de la créance = 1 000 x 1,25 = 1 250 €
Qualification de la **différence de conversion**	Baisse de la créance 1 300 – 1 250 = 50 € = différence de conversion Actif

Enregistrement de la différence de conversion à la clôture N

	31/12/N		
476	Différence de conversion	50	
4112	Client UE		50
	Créance ACE en GBP		

Provision pour perte de change car il s'agit d'une différence ACTIF

	31/12/N		
6815	Dotation aux provisions	50	
1515	Provision perte de change		50
	Perte de change latente ACE		

Quels sont les éléments constitutifs de la rémunération ?

+ Salaire de base	+ Salaire contractuel
	+ Heures supplémentaires
	+ Majorations
+ Compléments	+ Primes et gratifications
	+ Avantages en nature
= Salaire brut ➡ Rémunération du travail par l'employeur	
- Cotisations sociales salariales	- Part des charges sociales supportée par le salarié
- Avantages en nature	- Inclus dans le salaire brut - non versés
- Retenues sur salaires	- Acomptes versés précédemment
	- Oppositions, saisies
+ Remboursements frais	+ Frais engagés par le salarié
= Net à payer avant impôt sur le revenu	
- Impôt sur le revenu	- Prélèvement à la source
Net à payer ➡ Salaire effectivement versé au salarié	

Quels risques couvrent les cotisations sociales ?

Les cotisations sociales sont des versements obligatoires qui donnent droit aux salariés à des prestations sociales. Une part de ces cotisations est à la charge du salarié et l'autre à la charge de l'employeur. Ce dernier assure le versement de l'ensemble des cotisations aux organismes collecteurs.

Organismes collecteurs	Institutions sociales	Principaux risques couverts
URSSAF Union de Recouvrement des cotisations sociales et d'allocations familiales	Sécurité Sociale	Maladie, maternité, invalidité, décès, accidents du travail, vieillesse, famille
	Pôle Emploi	Chômage
Autres organismes	AGIRC / ARRCO	Retraite complémentaire cadre et non cadre
	Mutuelles	Prévoyance complémentaire

Quels documents administratifs sont liés à la paie ?

Registre unique du personnel
- informations relatives aux salariés
- dates de début et de fin de contrat

Bulletin de paie
- remis aux salariés au moins une fois par mois
- forme papier ou électronique

Livre de paie
- récapitule les différents bulletins de paie
- pièce justificative des écritures liées aux salaires

Comment enregistrer les opérations liées à la paie ?

ÉTAPE 1 – ENREGISTREMENT DES ACOMPTES VERSÉS SUR SALAIRES

	Date de versement		
425	Personnel - avances et acomptes	Acompte	
512	Banque		Acompte
	Acompte salarié X		

ÉTAPE 2 – ENREGISTREMENT DU SALAIRE BRUT

	Fin du mois		
6411	Salaires, appointements	Salaire brut	
421	Personnel - rémunérations dues		Salaire brut
	Salaires bruts mois de xxx		

ÉTAPE 3 – ENREGISTREMENT DES RETENUES SALARIALES

	Fin du mois		
421	Personnel - rémunérations dues	Total	
425	Personnel - avances et acomptes		Acomptes
427	Personnel - oppositions		Saisies
431	Sécurité sociale		SS Pôle emploi
437	Autres organismes sociaux		Mutuelle retraite
4421	Prélèvement à la source		Impôt sur le revenu
	Retenues salariales mois de xxx		

(suite du schéma)

ÉTAPE 4 – ENREGISTREMENT DES COTISATIONS SOCIALES PATRONALES

	Fin du mois		
6451	Cotisations à l'URSSAF	SS	
6452	Cotisations aux mutuelles	Mutuelle	
6453	Cotisations aux caisses de retraite	Retraite	
6454	Cotisations aux ASSEDIC	Chômage	
431	Sécurité sociale		SS Pôle emploi
437	Autres organismes sociaux		Mutuelle retraite
	Cotisations patronales mois de xxx		

ÉTAPE 5 – PAIEMENT DU SALAIRE NET

	Date de versement		
421	Personnel - rémunérations dues	Salaire net	
512	Banque		Salaire net
	Paiement salaires mois de xxx		

ÉTAPE 6 – PAIEMENT DES COTISATIONS SOCIALES

	Date de versement		
431	Sécurité sociale	Pour solde	
437	Autres organismes sociaux	Pour solde	
512	Banque		Total
	Paiement cotisations mois de xxx		

Pourquoi faut-il réaliser des rapprochements bancaires ?

Le rapprochement bancaire a pour objectif de vérifier la concordance entre la comptabilité de la banque et celle de l'entreprise. C'est un élément-clé de contrôle des mouvements bancaires qui doit être réalisé de façon périodique.

Quels sont les documents nécessaires à l'établissement d'un rapprochement bancaire ?

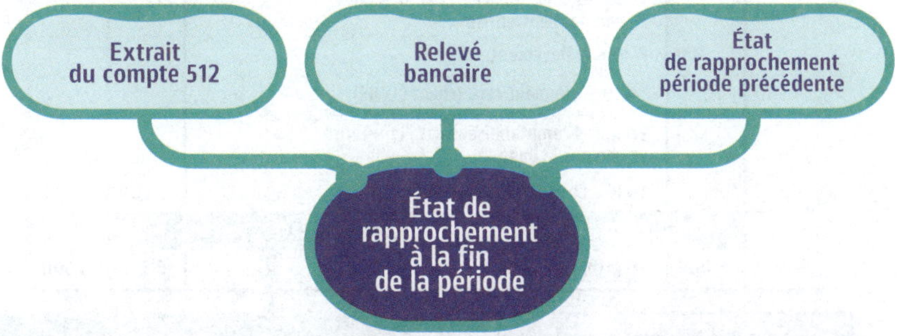

Comment réaliser un rapprochement bancaire étape par étape ?

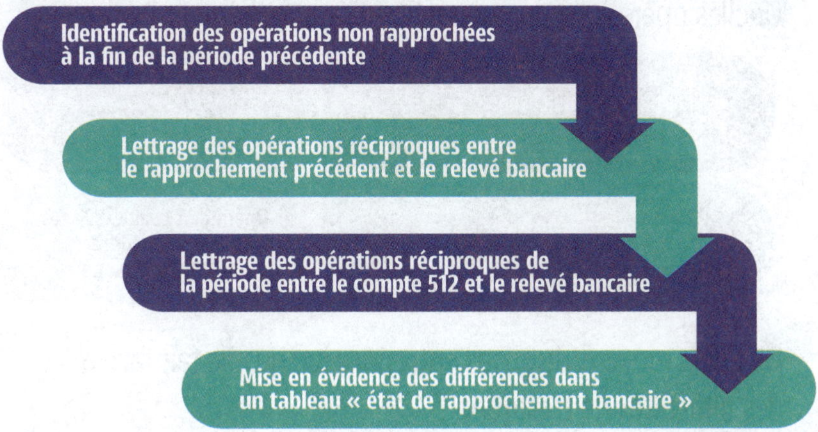

Quelle forme donner au tableau de rapprochement bancaire ?

Opérations du relevé bancaire qui ne figurent pas en comptabilité

Opérations comptabilisées qui ne figurent pas sur le relevé bancaire

COMPTE 512		ÉTAT DE RAPPROCHEMENT AU 31/10/N	RELEVÉ	
Débit	Crédit	Opérations	Débit	Crédit
500		Solde au 01/10/N		5 300
		Écritures comptabilisées par la banque et non par l'entreprise		
	200	7/10 - Prélèvement		
4 500		14/10 - Virement reçu (client LOUIS)		
		Écritures comptabilisées par l'entreprise et non par la banque		
		11/10 - Chèque 123457 (loyer)	500	
	4 800	SOLDE APRÈS RAPPROCHEMENT	4 800	
5 000	5 000	TOTAUX	5 300	5 300

Ces opérations doivent être enregistrées en comptabilité

Les soldes sont rapprochés : les différences ont été expliquées

Quelles opérations apparaissent en rapprochement ?

• Prélèvements réalisés par les fournisseurs • Frais prélevés par la banque • Virements reçus • Différences de montants (erreurs)	**Opérations comptabilisées par la banque et non par l'entreprise**
• Chèques émis non débités • Virements émis non crédités	**Opérations comptabilisées par l'entreprise et non par la banque**

De quels moyens dispose l'entreprise lorsqu'elle fait face à des difficultés de trésorerie ?

Outre les prêts à court terme et le découvert bancaire, les organismes bancaires offrent de nombreux outils de financement par mobilisation des créances : obtention immédiate de liquidités en contrepartie de créances non échues, sous déduction d'une commission.

Escompte des effets de commerce | Affacturage

Comment est calculée la rémunération de la banque ?

Au moment de sa création, un effet de commerce se caractérise par :

- une valeur nominale (montant de la créance à régler)
- une date d'échéance

La banque facture des agios = Intérêts et commissions perçus :

Commission bancaire	Forfaitaire par effet ou en % du nominal	Souvent soumise à TVA
Intérêt financier	Calculé prorata temporis et selon le taux d'intérêt exprimé en % annuel	Intérêt non soumis à TVA

Montant de l'intérêt d'escompte = valeur nominale de l'effet x taux d'intérêt d'escompte x durée de l'avance en jours / 360

EXEMPLE

Valeur nominale 360 €	Émission 15/10	Escompte 5/11	Échéance 15/12
Commission bancaire	6 €	Commission de 5 € HT = 6 € TTC	
Intérêt d'escompte au taux de 5 %	2 €	Avance du 5/11 au 15/12 = 25 + 15 = 40 jours Intérêt = 360 x 5 % x 40 / 360 = 2€	
Total des agios	8 €	Somme prélevée par la banque sur la valeur de l'effet	

Comment comptabiliser la remise à l'escompte d'une LCR ?

05/11
Remise à l'escompte d'une LCR de valeur nominale de 360 € - échéance 15/12

	05/11		
5114	Effets à l'escompte	360	
413	Effets à recevoir		360
	Escompte LCR		

06/11
L'avis de crédit de la banque indique une commission de 5 € HT et un intérêt d'escompte de 2 €

	06/11		
627	Services bancaires	5	
44566	TVA déductible sur ABS	1	
6616	Intérêts de financement	2	
512	Banque	352	
5114	Effets à l'escompte		360
	Avis crédit		

Quelle est la particularité d'une remise à l'escompte d'une LCR magnétique ?

La LCR magnétique n'a aucun support papier. Au moment de sa création, aucune écriture n'a été enregistrée. La créance due par le client figure toujours au débit du compte 411. L'escompte est traité sur le plan comptable comme un prêt de la part de la banque.

05/11 - Remise à l'escompte d'une LCR magnétique de valeur nominale de 360 € - échéance 15/12

Aucune écriture
La remise à l'escompte équivaut à une demande de prêt auprès de la banque

06/11
L'avis de crédit de la banque indique une commission de 5 € HT et un intérêt d'escompte de 2 €

	06/11		
627	Services bancaires	5	
44566	TVA déductible sur ABS	1	
6616	Intérêts de financement	2	
512	Banque	352	
519	Concours bancaire courant		360
	Avis crédit		

15/12
À l'échéance de l'effet, le client règle la somme due

	15/12		
512	Banque	360	
411	Client		360
	Virement reçu		

15/12
L'entreprise rembourse le prêt à la banque

	15/12		
519	Concours bancaire courant	360	
512	Banque		360
	Remboursement prêt		

Comment fonctionne l'affacturage ?

L'affacturage consiste, pour une entreprise, à céder les créances qu'elle possède sur ses clients à un organisme financier spécialisé appelé factor et qui aura la charge d'en assurer le recouvrement.

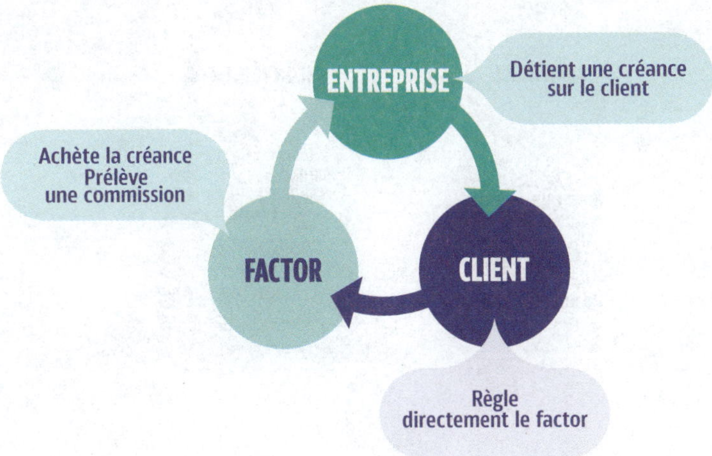

Comment comptabiliser les opérations d'affacturage ?

Les opérations d'affacturage ne sont enregistrées que chez le vendeur : le client règle directement au factor la somme due à l'échéance fixée.

Cession de la créance PAUL 1 000 €
Le factor prélève :
- une commission de 10 € HT
- une rémunération d'affacturage de 2 % soit 20 €

	Date cession		
6225	Commission d'affacturage	10	
44566	TVA déductible sur ABS	2	
668	Autres charges financières	20	
512	Banque	968	
411	Client PAUL		1 000
	Cession PAUL au factor		

Quels sont les avantages et inconvénients de l'affacturage ?

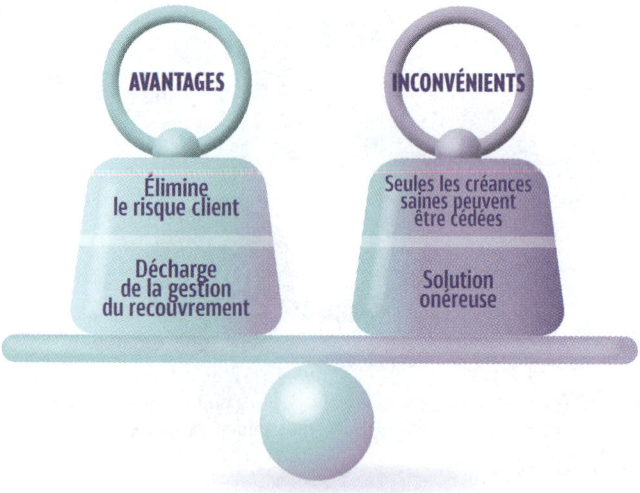

11 LES INVESTISSEMENTS

Pour assurer croissance et pérennité, les entreprises ont besoin d'investir, c'est-à-dire mobiliser des ressources financières afin de se procurer un avantage économique durable. Les immobilisations incorporelles et corporelles représentent pour l'entreprise des investissements immatériels et matériels.

Quelles sont les caractéristiques d'une immobilisation ?

Actif (article 211.1 du PCG)
Élément identifiable du patrimoine ayant une valeur économique positive pour l'entité, c'est-à-dire un élément générant une ressource que l'entité contrôle du fait d'événements passés et dont elle attend des avantages économiques futurs

- **Élément identifiable** : Acquis séparément, individualisé par un numéro ou une date d'achat
- **Valeur** : Coût évalué avec une fiabilité suffisante
- **Ressource que l'entité contrôle** : Dont elle a la propriété ou l'usage exclusif
- **Avantages économiques futurs** : Potentiel à dégager des flux de trésorerie futurs positifs

Comment distinguer immobilisation incorporelle et corporelle ?

Une immobilisation incorporelle est un actif non monétaire sans substance physique

- **Fonds commercial**
- **Brevet, marque, logiciel**
- **Frais de recherche et développement**

Une immobilisation corporelle est un actif physique détenu, soit pour être utilisé dans la production ou la fourniture de biens ou de services, soit pour être loué à des tiers, soit à des fins de gestion interne et dont l'entité attend qu'il soit utilisé au-delà de l'exercice en cours

- **Terrains, constructions**
- **Installations et matériels techniques**
- **Matériel de transport**
- **Matériel de bureau et informatique**

Quelle est la valeur d'entrée des immobilisations acquises ?

Les actifs acquis à titre onéreux sont comptabilisés à leur coût d'acquisition

- Prix d'achat + droits de douane + taxes non récupérables - réductions commerciales - escompte
- Coûts engagés pour mettre l'actif en place et en état de fonctionner = (transport / installation / montage / assurance)
- Frais d'acquisition (méthode de référence) = honoraires + droits de mutation + commissions + frais d'actes
- Sur option : Frais externes de formation

Comment comptabiliser les immobilisations acquises ?

L'achat d'une immobilisation est enregistré comme l'achat d'un bien, avec des comptes spécifiques liés aux actifs immobilisés :

- **ACHAT** → Compte de classe 2 selon la nature de l'actif
- **TVA DÉDUCTIBLE** → 44562 - TVA déductible sur immobilisations
- **DETTE FOURNISSEUR** → 404 - Fournisseur d'immobilisations
- **ACOMPTE VERSÉ** → 237-238 - Avances et acomptes versés / immobilisations

Matériel	800
Remise 10 %	80
Net Commerc.	720
Escompte	10
Net financier	710
Port	20
Total HT	730
TVA à 20 %	146
Total TTC	876
Acompte	100
Net à payer	776

	Date acompte		
238	Acompte versé / immobilisations	100	
512	Banque		100
	Versement acompte		

	Date facture		
2154	Matériel industriel	730	
44562	TVA déductible sur immo	146	
404	Fournisseur d'immo		776
238	Acompte versé / immo		100
	Achat matériel		

Quelle est la valeur d'entrée des immobilisations produites ?

Les actifs produits par l'entreprise sont comptabilisés à leur coût de production

- Coût d'achat des matières consommées
- **Charges directes de production**
  Coût du personnel et autres charges qui peuvent être affectées directement au coût du bien
- **Charges indirectes de production**
  Charges diverses que l'on peut raisonnablement rattacher à la production du bien

Comment comptabiliser les immobilisations produites ?

Construction du local Achèvement le 15/10	
Matériaux de construction	500
Main-d'œuvre directe	800
Bureau d'études (plans)	100
Coût de production	1 400

	15/10		
2131	Bâtiments	1 400	
722	Production immobilisée		1 400
	Achèvement local		

Que signifie « amortir un actif » ?

PCG 214.3
L'amortissement d'un actif est la répartition systématique de son montant amortissable en fonction de son utilisation

- **Répartition systématique**
  L'amortissement est obligatoire et conforme au plan initial
- **Montant amortissable**
  L'amortissement est calculé à partir de la base amortissable
- **Utilisation**
  L'amortissement se calcule sur la durée d'utilisation, mesurée en temps ou par une autre unité d'œuvre

Pourquoi tous les actifs ne sont-ils pas amortissables ?

Actif amortissable = actif dont l'utilisation par l'entité est déterminable

AMORTISSABLE = *L'usage attendu du bien est limité dans le temps*

- Pour un motif physique *Usure*
- Pour un motif technique *Obsolescence*
- Pour un motif juridique *Durée de la protection*

NON AMORTISSABLE = *L'usage attendu du bien n'est pas limité dans le temps*

- *Fonds commercial*
- *Terrain*
- *Immobilisations financières*

Comment peut-on déterminer la durée d'utilisation ?

L'utilisation pour une entité se mesure par la consommation des avantages économiques attendus de l'actif

Estimation de la ***durée réelle d'utilisation***

- Unité de temps *Nombre d'années*
- Autres unités d'œuvre *Heures machine* *Km parcourus*

La base amortissable est-elle différente de la valeur brute ?

Le montant amortissable d'un actif est sa valeur brute sous déduction de sa valeur résiduelle.

VALEUR BRUTE

- Coût d'achat *Le bien a été acquis à titre onéreux*
- Coût de production *Le bien a été fabriqué par l'entreprise elle-même*

VALEUR RÉSIDUELLE

- Montant qu'une entité obtiendrait de la cession de l'actif sur le marché à la fin de son utilisation
- Diminué des coûts à engager pour que le bien soit vendu

INFORMATION SUR LE BIEN À AMORTIR	
Nature du bien	Camion
Coût d'achat	12 000 €
Date d'achat	15/03/N
Date de mise en service = date de début d'amortissement	01/04/N
Durée d'utilisation	5 ans
Taux d'amortissement	1/5
Valeur de revente au terme des 4 ans	2 500 €
Coût de revente au terme des 4 ans	500 €
Valeur résiduelle : 2 500 - 500	2 000 €
Base amortissable : 12 000 - 2 000	10 000 €

Dotation N calculée prorata temporis :
10 000 x (1/5) x 9/12

Valeur brute
Amortissements cumulés

TABLEAU D'AMORTISSEMENT

Année	Base amortissable	Dotation aux amortissements	Amortissements cumulés	Valeur nette comptable
N	10 000	1 500	1 500	10 500
N+1	10 000	2 000	3 500	8 500
N+2	10 000	2 000	5 500	6 500
N+3	10 000	2 000	7 500	4 500
N+4	10 000	2 000	9 500	2 500
N+5	10 000	500	10 000	2 000

Au terme du plan
VNC = valeur résiduelle

Comment enregistrer un amortissement en comptabilité ?

La dotation aux amortissements de l'exercice est enregistrée au débit du compte 6811 - Dotation aux amortissements sur immobilisations

Elle est enregistrée au crédit d'un compte d'amortissement lié au compte d'immobilisation, avec l'insertion d'un 8 en 2e position

L'achat d'un véhicule est constaté au débit du compte 2182 - Matériel de transport → L'amortissement de ce véhicule est constaté au crédit du compte 28182 - Amortissement du matériel de transport

	31/12/N		
6811	Dotation aux amortissements sur immobilisations	1 500	
28182	Amortissements du matériel de transport		1 500
	Dotation amortissements N		

Quels sont les principes généraux lorsqu'une immobilisation sort du patrimoine de l'entreprise ?

Sortie de l'actif d'une immobilisation incorporelle ou corporelle

- **Motifs**
  - Le bien est vendu à un tiers
  - Le bien est mis au rebut
- **Régime de TVA**
  - La plupart des cessions d'actif sont soumises à TVA
- **Imputation comptable de la vente**
  - Produit exceptionnel 775 - Produits des cessions d'éléments d'actif
- **Imputation comptable de la sortie d'actif**
  - Charge exceptionnelle 675 - Valeurs comptables des éléments d'actif cédés

Résultat de la cession
Compte 775 - Compte 675

- **Plus-value de cession** Produit > charge
- **Moins-value de cession** Charge > produit

Quelles sont les étapes à suivre pour comptabiliser une cession d'immobilisation amortissable ?

1. Enregistrement du produit de la cession de l'actif *À la date de la vente*
2. Calcul de la dotation aux amortissements de l'année N jusqu'à la date de la cession
3. Enregistrement de la dotation aux amortissements de l'année N
4. Enregistrement de la sortie de l'actif du patrimoine *Valeur brute et amortissements*

Matériel industriel acquis le 01/07/N-2 : 10 000 € HT.
Amortissement constant sur une durée de 5 ans, soit un amortissement cumulé de 3 000 à fin N-1.
Matériel cédé le 01/07/N à un prix de 5 000 € HT

		01/07/N		
1	512	Banque	6 000	
	775	Produits des cessions d'éléments d'actif		5 000
	44571	TVA collectée		1 000
		Cession du matériel - facture n° xxx		

		31/12/N		
2	6811	Dotation aux amortissements	1 000	
	28154	Amortissement matériel industriel		1 000
		Calcul : 10 000 x 1/5 x 6/12		

		31/12/N		
3	28154	Amortissement matériel industriel	4 000	
	675	Valeurs comptables des éléments d'actifs cédés	6 000	
	2154	Matériel industriel		10 000
		Sortie du patrimoine du matériel cédé		

Quelles sont les étapes à suivre pour comptabiliser une cession d'immobilisation non amortissable ?

Enregistrement du produit de la cession de l'actif
À la date de la vente
→
Enregistrement de la sortie de l'actif du patrimoine
À l'inventaire

Un terrain acquis le 01/01/N-7 pour une valeur de 10 000 € est cédé le 15/10/N à un prix de 8 000 €. La vente n'est pas soumise à TVA.

		15/10/N		
①	512	Banque	8 000	
	775	Produits des cessions d'éléments d'actif		8 000
		Cession du terrain - facture n° xxx		

		15/10/N		
②	675	Valeur comptable des éléments d'actif cédés	10 000	
	211	Terrains		10 000

Un titre est une valeur mobilière négociable sur un marché financier. Selon la nature du titre et l'objectif dans lequel il a été acquis, les traitements comptables diffèrent.

Quelles sont les différentes catégories de titres ?

LES DIFFÉRENTES NATURES DE TITRES ET LES DROITS ASSOCIÉS	
Titre de capital = droit de vote et droit à dividende	Actions de SA, SAS Parts sociales de SARL, SNC
Titre de créance = droit de créance et droit à intérêt	Obligations, Bons du Trésor
Parts d'OPCVM : Organismes de Placement Collectif de Valeurs Mobilières	SICAV, FCP

Quelle imputation comptable choisir pour chaque titre ?

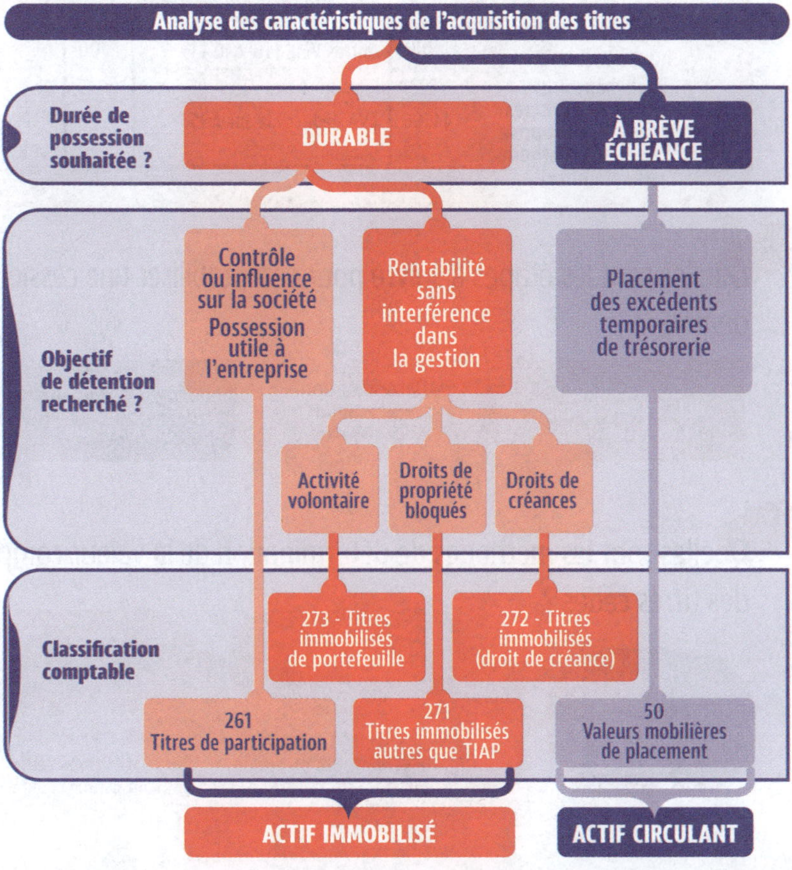

Quelle est la valeur d'entrée des titres dans le patrimoine ?

Éléments constitutifs du coût d'acquisition des titres

- Prix d'achat
- Frais d'acquisition des titres (méthode de référence) = droits de mutation, honoraires, commissions et frais d'actes

Comment comptabiliser une acquisition de VMP ?

10/10 : achat de 50 SICAV à 10 € l'unité
But spéculatif
Frais bancaires de 5 € HT enregistrés en charge (l'entreprise ne suit pas la méthode de référence)

	10/10		
5081	Autres VMP (50 x 10 €)	500	
6271	Frais sur titres	5	
44566	TVA déductible sur ABS	1	
512	Banque		506

Quelles sont les étapes à suivre pour comptabiliser une cession de VMP ?

1. Détermination de la valeur comptable des titres cédés
2. Détermination du résultat de cession
3. Enregistrement comptable de la cession

Quelles sont les méthodes de détermination de la valeur comptable des titres cédés ?

Méthodes de calcul de la valeur comptable des titres

- Méthode PEPS ou FIFO – Premier Entré - Premier Sorti – First In - First Out → Les titres conservés sont les derniers entrés dans le patrimoine
- Méthode CUMP – Coût Unitaire Moyen Pondéré → Les titres cédés sont estimés à un coût moyen

Comment déterminer le résultat de cession ?

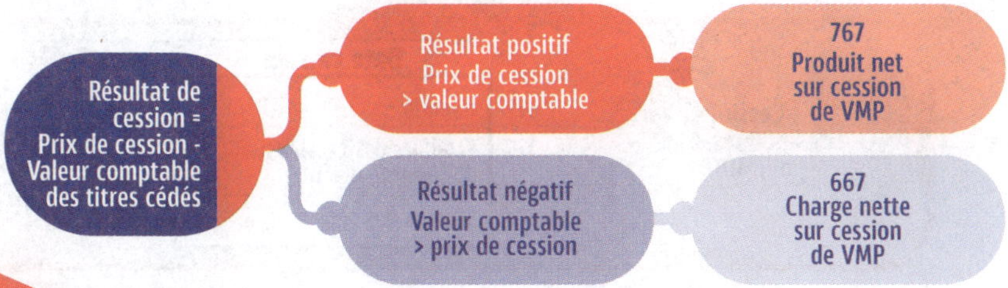

Comment comptabiliser la cession de VMP ?

15/11 : vente des 50 SICAV acquises 10 € pour un prix de 12 €

	15/11		
512	Banque (50 x 12 €)	600	
767	Produit net / cession VMP		100
5081	Autres VMP		500

Comment comptabiliser une acquisition de titres immobilisés ?

15/10 : achat de 40 actions AXE ; prix unitaire 10 € ; détention du capital 45 % ; détention durable ; frais d'acquisition 30 € HT (l'entreprise suit la méthode de référence).

	15/10		
261	Titres de participation (40 x 10 € + 30)	430	
44562	TVA déductible sur immos	6	
512	Banque		436

Quelles sont les étapes à suivre pour comptabiliser une cession de titres immobilisés ?

Comment comptabiliser la cession des titres immobilisés ?

Cession des actions AXE pour 400 €

	Date cession		
512	Banque	400	
775	Produits des cessions d'éléments d'actif		400
	Cession des actions AXE		

Sortie des titres acquis 430 €

	Inventaire		
675	Valeurs comptables des éléments d'actif cédés	430	
261	Titres de participation		430
	Sortie du patrimoine des titres AXE		

Calcul du résultat de cession

Produit de cession : 400
Valeur comptable : 430
Moins-value de cession = 30

LE FINANCEMENT DES INVESTISSEMENTS

Les investissements nécessaires à la croissance et à la pérennité de l'entreprise doivent nécessairement être financés par des ressources à long terme.

Quels modes de financement l'entreprise peut-elle choisir pour financer ses investissements ?

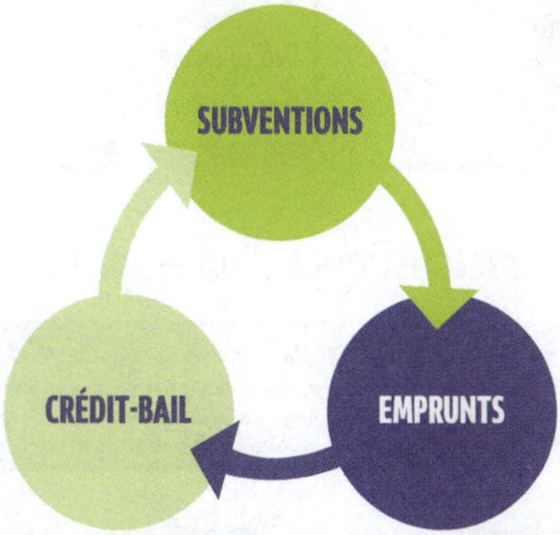

Quelles sont les subventions auxquelles l'entreprise peut prétendre ?

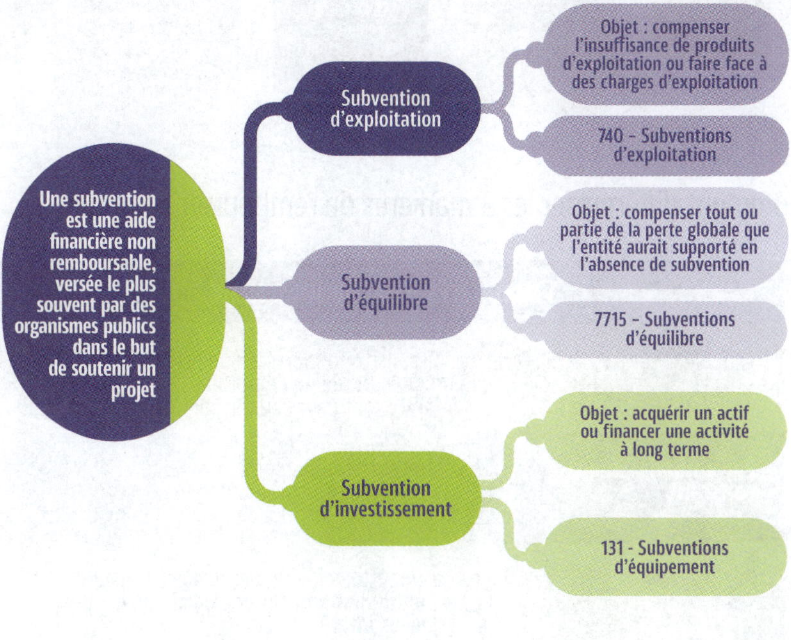

Comment enregistrer une subvention reçue ?

Une commune octroie à l'entreprise qui gère les bus scolaires une subvention d'équilibre de 7 500 €, soumise à TVA

	Date octroi		
512	Banque	9 000	
7715	Subventions d'équilibre		7 500
44571	TVA collectée		1 500
	Octroi subvention		

Quelles sont les caractéristiques d'un emprunt ?

Un emprunt est un capital financier, mis à disposition de l'entreprise par un prêteur, que l'entreprise s'engage à rembourser à des conditions prédéterminées, caractérisé par 4 éléments :

- **Capital**
  Montant emprunté
- **Taux d'intérêt**
  Rémunération du prêteur
  Taux exprimé annuellement
- **Durée**
  Délai entre l'emprunt et l'extinction de la dette
- **Modalités de remboursement**
  3 modalités distinctes sont possibles
  L'emprunteur doit rembourser le capital + verser des intérêts

Comment différencier les 3 manières de rembourser l'emprunt ?

3 MODALITÉS DE REMBOURSEMENT	
In fine	Le capital est remboursé en une seule fois à la fin de la durée de l'emprunt Les intérêts sont payés au minimum une fois par an
Par amortissement constant	Le capital est remboursé par fraction constante réparties sur la durée de l'emprunt Les intérêts sont payés à chaque remboursement
Par annuité constante	Le versement de chaque période est constant et permet de rembourser une partie du capital ainsi que les intérêts

Comment réaliser un tableau de remboursement d'emprunt ?

Emprunt de 900 € obtenu le 1/1/N - durée 3 ans taux d'intérêt 5% - Remboursement par amortissement constant				
Échéance	**Capital restant du**	**Intérêts**	**Amortissement**	**Annuité**
1/1/N+1	900	45	300	345
1/1/N+2	600	30	300	330
1/1/N+3	300	15	300	315

- Capital restant dû moins amortissement de la période
- Le capital de 900 est remboursé de façon constante en 3 fois
- Les intérêts diminuent car ils sont calculés sur le capital restant dû

Comment comptabiliser les opérations liées aux emprunts ?

À l'obtention de l'emprunt

	1/1/N		
512	Banque	900	
164	Emprunt auprès des établissements de crédit		900
	Obtention emprunt		

À chaque échéance, selon les indications du tableau

	1/1/N+1		
164	Emprunt auprès des établissements de crédit	300	
6611	Intérêts des emprunts et des dettes	45	
512	Banque		345
	1e annuité d'emprunt		

Qu'est-ce que le crédit-bail ?

Un crédit-bail est un contrat de location d'un bien, pour une période irrévocable, assorti d'une option d'achat du bien fixée à l'avance, caractérisé par 5 éléments :

Durée du contrat
- Durée qui ne peut être modifiée

Bien financé
- Meuble ou immeuble
- Valeur à neuf du bien mentionnée dans le contrat

Loyer = redevance	• Versé en début de période (à terme à échoir) ou en fin de période (à terme échu) • Charge soumise à TVA : 612 - crédit-bail
Dépôt de garantie	• Versement à la signature du contrat • Dépôt récupéré à la fin du contrat • Immobilisation financière : 2751 - Dépôts
Option d'achat aux termes du contrat	• **Option d'achat levée** : achat du bien moyennant un prix fixé à l'avance • **Option d'achat non levée** : restitution du bien

Comment enregistrer les opérations liées au crédit-bail ?

Signature le 1/9 d'un contrat de crédit-bail pour un matériel.
Dépôt de garantie 450 €
1re redevance 240 € HT

	01/09/N		
2751	Dépôts	450	
6122	Crédit-bail mobilier	240	
44566	TVA sur ABS	48	
512	Banque		738
	Dépôt et redevance de crédit-bail		

Le 1/9/N+4
1er cas :
L'option d'achat est levée.
Le matériel est acquis 400 € HT

	01/09/N+4 (si option levée)		
2154	Matériel industriel	400	
44562	TVA sur immobilisations	80	
2751	Dépôts		450
512	Banque		30
	Levée de l'option d'achat		

Le 1/9/N+4
2e cas :
L'option d'achat n'est pas levée.
Le matériel est restitué

	01/09/N+4 (si option non levée)		
512	Banque	450	
2751	Dépôts		450
	Restitution du matériel		

Pourquoi l'inventaire est une obligation légale ?

Deux textes juridiques fondamentaux rappellent l'obligation d'inventaire

Code de commerce
Article L. 123-12
Toute personne physique ou morale ayant la qualité de commerçant [...] doit contrôler par inventaire, au moins une fois tous les douze mois, l'existence et la valeur des éléments actifs et passifs du patrimoine de l'entreprise.

Plan Comptable Général
Article 912-3
Toute entité contrôle au moins une fois tous les douze mois les données d'inventaire. L'inventaire est un relevé de tous les éléments d'actif et de passif, au regard desquels sont mentionnées la quantité et la valeur de chacun d'eux à la date d'inventaire.

Quels sont les objectifs de l'inventaire ?

Deux objectifs fondamentaux

Contrôler la réalité du patrimoine, composé des éléments d'actif et de passif
- Existence physique ou juridique de ces éléments
- Valeur de ces éléments selon les règles applicables aux différents postes du bilan

Préparer l'élaboration des comptes annuels
- Bilan
- Compte de résultat
- Annexe aux comptes

Comment positionner l'inventaire sur un exercice comptable ?

OUVERTURE DE L'EXERCICE — **DURÉE DE L'EXERCICE COMPTABLE = 12 MOIS** — **CLÔTURE DE L'EXERCICE**

Opérations courantes

Opérations d'inventaire

Quelles sont les différentes phases de travaux d'inventaire ?

Inventaire des éléments du patrimoine
- Inventaire physique des immobilisations et des stocks
- Contrôle de l'existence des autres éléments
- Estimation de la valeur comptable en application des principes comptables

Écritures d'ajustement des comptes
- Préparation et enregistrement des écritures d'inventaire

Détermination du résultat de la période
- Solde des comptes de gestion (classes 6 et 7)
- Calcul du résultat de la période (produits - charges)

Établissement des documents de synthèse
- À partir de la balance générale, établissement du bilan et du compte de résultat
- Rédaction de l'annexe

Qu'est-ce qu'un stock ?

Un stock est un élément identifiable du patrimoine (générant des avantages économiques futurs) destiné à être vendu ou consommé

Comment inventorier les stocks ?

L'inventaire des stocks permet de contrôler la réalité physique des biens et déterminer la valeur de chacun d'entre eux

Inventaire permanent
Les quantités en stock sont suivies et valorisées de façon régulière **tout au long** de l'exercice

Un inventaire physique doit être réalisé au cours de l'exercice comptable ou à la date de clôture

Inventaire intermittent
Les quantités en stock sont recensées et valorisées seulement **à la clôture** de l'exercice

Un inventaire physique doit être réalisé à la date de clôture de l'exercice

Liste complète des éléments en stock, par groupe de marchandises, matières et produits

Pour chacun des éléments :
Quantité x Prix de valorisation
= **Valeur du stock**

Quels sont les différents modes de valorisation des stocks ?

La valorisation des stocks respecte les principes applicables aux actifs

Biens acquis à titre **onéreux**
= Coût acquisition

Biens **produits**
= Coût de production

Lorsque les entrées en stock sont valorisées à des coûts différents, deux méthodes de valorisation sont possibles

Méthode PEPS ou FIFO
Premier Entré - Premier Sorti
First In - First Out
Les produits en stock sont les derniers entrés dans le patrimoine

Méthode CUMP
Coût Unitaire Moyen Pondéré
Les produits en stock sont valorisés à un coût moyen pondéré des quantités acquises

Quel compte retenir pour chaque type de stock ?

Les stocks sont des éléments d'actif circulant de la classe 3. Sur le plan comptable, ils sont classés par nature ; à chaque nature de stock est associé un compte de variation de stock précis :

COMPTES DE STOCK Éléments à l'actif du bilan	**COMPTE DE VARIATION DE STOCK** Éléments du compte de résultat (charges ou produits)
Stocks d'éléments acquis	*NB : les comptes de variation sont des comptes de charges*
31 - Matières premières	➡ **60**31 - Variation des stocks de matières premières
32 - Autres approvisionnements	➡ **60**32 - Variation des stocks des autres approvisionnements
37 - Marchandises	➡ **60**37 - Variation des stocks de marchandises
Stocks d'éléments produits	*NB : les comptes de variation sont des comptes de produits*
35 - Produits	➡ **71**35 - Variation des stocks de produits

Comment enregistrer les variations de stock ?

Document source : inventaire des stocks à la date de clôture

Inventaire des stocks au 31/12/N		Rappel valeur N-1
Nature	**Valorisation**	
Matières premières	1 000	800
Produits finis	1 500	1 200

❶ Annulation des stocks N-1 figurant encore à l'actif

	31/12/N		
6031	Variation des stocks de MP	800	
311	Stock de mat. 1res		800
	Élimination du stock initial MP		
	d°		
71355	Variation des stocks de PF	1 200	
355	Stock de produits finis		1 200
	Élimination du stock initial PF		

❷ Constatation des stocks N

	31/12/N		
311	Stock de mat. 1res	1 000	
6031	Variation des stocks de MP		1 000
	Constatation stock final MP		
	d°		
355	Stock de produits finis	1 500	
71355	Variation des stocks de PF		1500
	Constatation stock final PF		

Quelle incidence la variation de stock a-t-elle sur le résultat ?

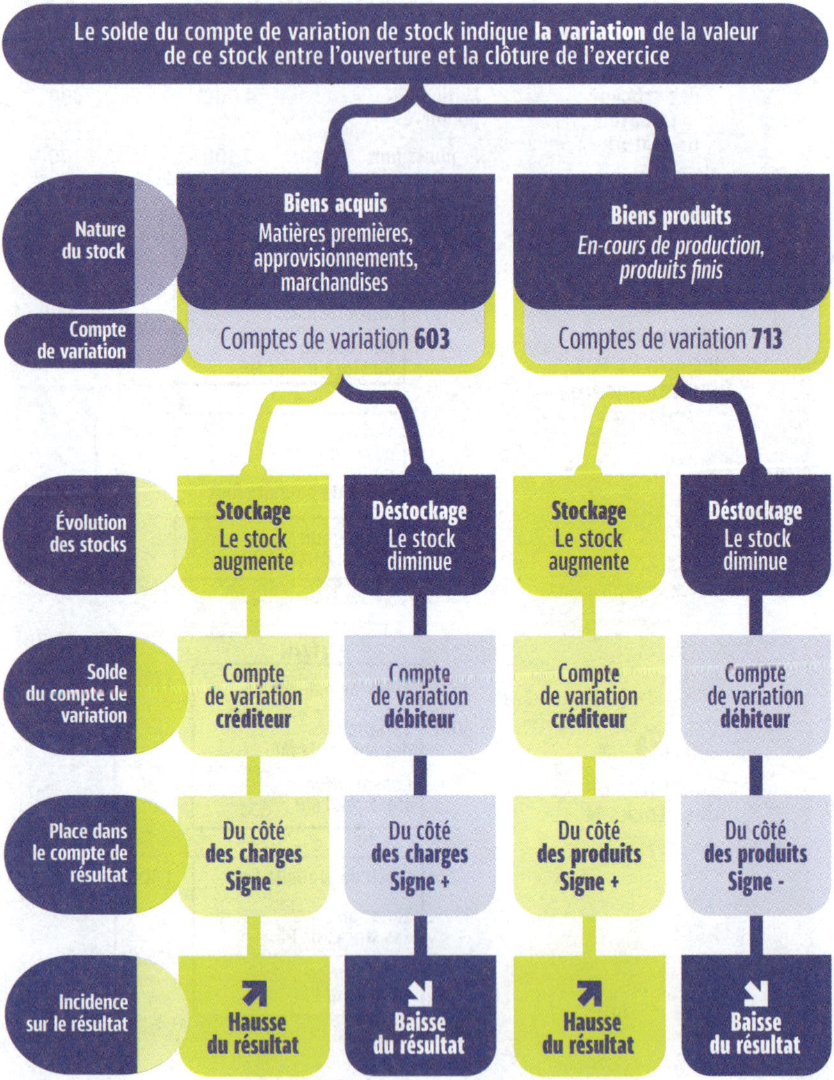

Comment présenter les variations de stock dans le compte de résultat ?

CHARGES	N	PRODUITS	N
Charges d'exploitation :		**Produits d'exploitation :**	
Achats de marchandises		Ventes de marchandises	
Variation des stocks *(6037)*		Production vendue	
Achats de matières premières et autres approvisionnements		**Sous-total A - Montant net du chiffre d'affaires**	
Variation des stocks *(6031 et 6032)*		Production stockée *(713)*	

Les variations des comptes d'achat se situent en dessous des achats concernés

Pas de signe pour solde débiteur
Signe - pour solde créditeur

Les variations des comptes de produit se situent après le chiffre d'affaires (dont la production vendue)

Pas de signe pour solde créditeur
Signe - pour solde débiteur

LES DÉPRÉCIATIONS

Qu'est-ce que la dépréciation d'un actif ?

La **dépréciation** d'un actif est la constatation que sa **valeur actuelle** est devenue inférieure à sa **valeur nette comptable.**

Quels actifs font l'objet de dépréciation ?

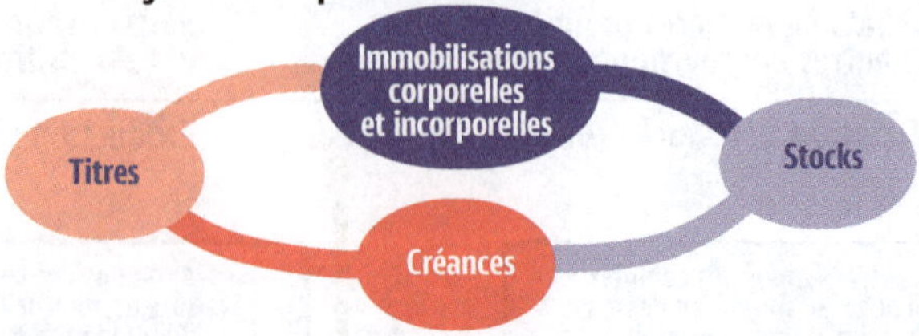

Comment déterminer la dépréciation d'une immobilisation ?

L'entité doit apprécier à chaque clôture des comptes, s'il existe un indice quelconque montrant qu'un actif a pu perdre **notablement** de sa valeur

Recherche d'un éventuel **indice de perte de valeur** interne ou externe

- **Aucun indice** = pas de dépréciation
- **Oui** - un indice notable = test de dépréciation à réaliser

TEST DE DÉPRÉCIATION
Comparaison entre la Valeur Nette Comptable et la Valeur Actuelle

VNC
Valeur brute - Amortissements

Valeur actuelle
Valeur la plus élevée entre :

- **Valeur vénale** Valeur de marché de l'actif
- **Valeur d'usage** Valeur d'estimation des avantages économiques futurs attendus

- **Valeur actuelle > VNC** Pas de dépréciation
- **VNC > Valeur actuelle** Dépréciation = VNC - valeur actuelle

Comment comptabiliser la dépréciation d'une immobilisation ?

La dépréciation de l'exercice est enregistrée au débit du compte 6816 - Dotation aux dépréciations des immobilisations

Elle est enregistrée au crédit d'un compte de dépréciation lié au compte d'immobilisation, avec l'insertion d'un 9 en 2e position

L'achat d'un bâtiment est constaté au débit du compte 213 - Constructions → La dépréciation de ce bâtiment est constatée au crédit du compte 2913 - Dépréciation des constructions

Terrain acquis le 15/04/N-3 : 2 000 €
Valeur actuelle au 31/12/N : 1 400 €
Dépréciation : 2 000 – 1 400 = 600

	31/12/N		
6816	Dotation aux dépréciations des immos	600	
2911	Dépréciations des terrains		600
	Dépréciation exercice N		

La dépréciation d'une immobilisation peut-elle être ajustée ?

À chaque inventaire, le test de dépréciation est réalisé pour les immobilisations toujours en service dans l'entreprise

Estimation de la dépréciation nécessaire

- Si dépréciation nécessaire > Dépréciation déjà constatée : 6816 - Dotation aux dépréciations des immobilisations
- Si dépréciation nécessaire < Dépréciation déjà constatée : 7816 - Reprise sur dépréciations des immobilisations

Terrain acquis le 15/04/N-3 : 2 000 €
Dépréciation au 31/12/N : 600
Valeur actuelle au 31/12/N+1 : 1 600
→ Dépréciation nécessaire : 400
Reprise à réaliser : 600 – 400 = 200

	31/12/N+1		
2911	Dépréciations des terrains	200	
7816	Reprise sur dépréciations des immos		200
	Ajustement dépréciation exercice N+1		

Quelle conséquence la dépréciation a-t-elle sur l'amortissement ?

La comptabilisation d'une **dépréciation** modifie de manière **prospective** la **base amortissable** de l'actif déprécié

La modification des **amortissements** concerne uniquement les exercices **postérieurs** à la constatation de la dépréciation

La **base de calcul** de l'amortissement est **modifiée**
Le **rythme** de l'amortissement est **inchangé**

- Hausse de la dépréciation= Baisse de la base amortissable
- Baisse de la dépréciation = La VNC du bien ne peut être supérieure à celle du plan initial

Comment déterminer la dépréciation des titres ?

Pour estimer la dépréciation, la définition de la **valeur actuelle** dépend de la nature des titres

Titres de participation	Titres cotés en bourse	Titres non cotés en bourse
Valeur actuelle *Valeur d'utilité*	**Valeur actuelle** *Cours moyen du dernier mois*	**Valeur actuelle** *Valeur probable de négociation*

ESTIMATION DE LA DÉPRÉCIATION
Comparaison entre la valeur comptable et la valeur actuelle

- **Valeur actuelle > Valeur comptable**
  Pas de dépréciation
- **Valeur comptable > Valeur actuelle**
  Dépréciation =
  Valeur comptable – valeur actuelle

SUIVI DE LA DÉPRÉCIATION
À l'inventaire suivant, la dépréciation est ajustée

- Si dépréciation nécessaire > dépréciation déjà constatée
  ↗ **Dotation** pour dépréciation
- Si dépréciation nécessaire < dépréciation déjà constatée
  ↘ **Reprise** sur dépréciation

Comment comptabiliser la dépréciation des titres et son ajustement ?

La dépréciation constitue pour l'entreprise une **charge financière** qui réduit la valeur de l'actif dans le patrimoine. La reprise d'une dépréciation est un **produit financier**.

En cas de dotation, débit du compte :
6866 - Dotation aux dépréciations des éléments financiers

En cas de reprise, crédit du compte :
7866 - Reprise sur dépréciations des éléments financiers

La contrepartie est enregistrée dans un compte de dépréciation lié au compte de titre, avec l'insertion d'un 9 en 2e position
29xx - Dépréciation xxxxx

L'achat de VMP est constaté au débit du compte 503 - VMP - Actions

La dépréciation de ces VMP est constatée au crédit du compte 5903 - Dépréciation VMP - actions

VMP acquises en octobre N : 2 500 €
Valeur d'utilité au 31/12/N : 2 000 €
Dépréciation 500 €

	31/12/N		
6866	Dotation aux dépréciations financières	500	
5903	Dépréciations des VMP - actions		500
	Dépréciation VMP actions		

Comment estimer la dépréciation des stocks ?

Pour estimer la dépréciation, la définition de la valeur actuelle dépend de la nature des stocks

Stocks destinés à être revendus en l'état
Marchandises - produits finis
Valeur vénale
Valeur de marché des produits

Stocks destinés au processus de production
Matières premières - matières consommables
Valeur d'usage
Estimée par rapport à la valeur du produit fini

ESTIMATION DE LA DÉPRÉCIATION
Comparaison entre la valeur comptable et la valeur actuelle

Valeur actuelle > Valeur comptable
pas de dépréciation

Valeur comptable > Valeur actuelle
Dépréciation = Valeur comptable - valeur actuelle

Comment comptabiliser la dépréciation des stocks et son ajustement ?

En cas de HAUSSE de la dépréciation, débit du compte
68173 - Dotation aux dépréciations des stocks

En cas de BAISSE de la dépréciation, crédit du compte
78173 - Reprise sur dépréciations des stocks

La contrepartie est enregistrée dans un compte de dépréciation lié au compte de stock, avec l'insertion d'un 9 en 2e position

Un stock de MP est constaté au débit du compte 311 - Stock de MP → La dépréciation de ce stock est constatée au crédit du compte 3911 - Dépréciation stock

31/12/N

valeur au bilan du stock de MP	1 700
Valeur vénale	900
Dépréciation	800

31/12/N

68173	Dotation aux dépréciations des stocks	800	
391	Dépréciations des MP		800
	Dépréciation stocks MP (1 700 - 900)		

Comment classifier les créances ?

Classification des créances selon les possibilités de recouvrement

- **Créances saines** : Créances non échues. Aucune information susceptible de remettre en cause le recouvrement → Pas de dépréciation à constater
- **Créances douteuses** : Recouvrement incertain du fait des difficultés financières du client
- **Créances litigieuses** : Recouvrement compromis par un litige avec le client

→ (créances douteuses et litigieuses) Analyse de la situation concrète du client afin de définir la perte probable

- **Créances irrécouvrables** : Recouvrement impossible : le client est en liquidation ou l'entreprise a abandonné la créance → À constater en perte

Comment traiter les créances douteuses en comptabilité ?

Créance TTC à isoler dans le compte 416 - **Clients douteux ou litigieux** → Calcul de la dépréciation à constater sur la base de la **valeur HT de la créance** → Constatation de la perte éventuelle pour créance irrécouvrable **pour la valeur HT**

Les dépréciations et les pertes sont toujours déterminées sur le montant Hors Taxes, la TVA étant ensuite récupérée auprès de l'État.

1 PAUL ne peut pas régler sa créance de 120 € TTC

	31/12/N		
416	Clients douteux ou litigieux	120	
411	Client PAUL		120
	PAUL nouveau douteux : 120 € TTC		

2 Perte probable de 60 % de la créance HT (120 / 1,2) x 60 % = 60 €

	31/12/N		
68174	Dotation pour dépréciation des créances	60	
491	Dépréciations des comptes de clients		60
	Dépréciation créance PAUL		

3 En N+1, PAUL est mis en liquidation judiciaire

	31/12/N+1		
654	Pertes sur créances irrécouvrables	100	
44571	TVA collectée	20	
416	Clients douteux ou litigieux		120
	Créance PAUL irrécouvrable		

	31/12/N+1		
491	Dépréciations des comptes de clients	60	
78174	Reprise sur dépréciation des créances		60
	Dépréciation PAUL sans objet		

17 LES PROVISIONS

Qu'est-ce qu'une provision ?

Une **provision** est un passif dont l'échéance ou le montant n'est pas fixé de façon précise

3 conditions de comptabilisation

- **Obligation à l'égard d'un tiers**
  Obligation légale ou contractuelle connue avant la date de clôture de l'exercice
- **Sortie probable de ressources sans contrepartie**
  La sortie au bénéfice d'un tiers ne procure pas d'avantages économiques
- **Évaluation possible**
  Le montant n'est pas connu de façon précise, mais il est possible de l'évaluer

Quelles sont les principales provisions pour risques et charges ?

Les principales provisions pour risques : *constituées pour faire face à des risques probables liés à l'activité de l'entreprise*		
1511	Provisions pour risques	*Litige commercial en cours*
1512	Provisions pour garanties données aux clients	*Garantie 24 mois pièces et main-d'œuvre*
1514	Provisions pour amendes et pénalités	*Contrôle fiscal en cours*
1515	Provisions pour pertes de change	*Perte de change latente*

Les principales provisions pour charges : *constituées pour faire face à des charges probables dont le montant et l'échéance sont incertains*		
153	Provisions pour pensions et obligations similaires	*Indemnités de départ à la retraite*
154	Provisions pour restructuration	*Indemnités de licenciement, frais de démantèlement d'usine*
1572	Provisions pour gros entretien ou grandes révisions	*Charges prévisibles importantes ne présentant pas un caractère annuel*

Comment comptabiliser les provisions pour risques et charges ?

Les provisions font l'objet d'une estimation à la clôture de l'exercice

Dotation aux provisions selon la nature du risque ou de la charge
Au débit : le compte de dotation – Au crédit : le compte de provision concerné

6815 - Dotation aux provisions d'exploitation
Liée à l'activité courante de l'entreprise

6865 - Dotation aux provisions financières
Liée à une opération financière

6875 - Dotation aux provisions exceptionnelles
Liée à un élément inhabituel et anormal

Analyse de l'évolution au cours de l'exercice suivant

Le risque ou la charge se sont réalisés : la provision devient sans objet et doit être reprise

Le risque ou la charge ont diminué : reprise partielle à réaliser

Le risque ou la charge se sont accrus : dotation complémentaire à réaliser

Reprise sur provisions selon le compte de dotation utilisé au moment de la constitution de la provision
Au débit : le compte de provision concerné
Au crédit : le compte de reprise

7815 Reprise sur provisions d'exploitation

7865 Reprise sur provisions financières

7875 Reprise sur provisions exceptionnelles

Dotations aux provisions selon le compte de dotation utilisé au moment de la constitution initiale de la provision

31/12/N : litige avec un salarié. Indemnités estimées à payer (selon l'avocat) : 9 000 €.

	31/12/N		
6815	Dotation aux provisions d'exploitation	9 000	
1511	Provisions pour litiges		9 000
	Provision pour litige salarié		

31/12/N+1 :
risque réduit à 6 000 €.
Reprise :
9 000 – 6 000 = 3 000

	31/12/N+1		
1511	Provisions pour litiges	3 000	
7815	Reprise sur provisions d'exploitation		3 000
	Ajustement provision litige salarié		

31/12/N+2 :
affaire terminée par accord transactionnel

	31/12/N+2		
1511	Provisions pour litiges	6 000	
7815	Reprise sur provisions d'exploitation		6 000
	Provision pour litige salarié sans objet		

Quel est le principe comptable mobilisé lorsque l'on procède à l'ajustement des comptes de gestion ?

Principe d'indépendance des exercices
Pour calculer le résultat par différence entre les produits et les charges de l'exercice, sont rattachés à l'exercice :

- Les **produits** acquis à cet exercice
- Les **charges** supportées par l'exercice

Comment identifier les opérations constatées d'avance ?

Opérations déjà **comptabilisées** mais **non rattachables** à l'exercice

Charges constatées d'avances	Produits constatés d'avance
La TVA a déjà été déduite. L'ajustement est réalisé Hors Taxes	La TVA a déjà été collectée. L'ajustement est réalisé Hors Taxes

Quelles sont les principales opérations constatées d'avance ?

Charges constatées d'avance	Factures reçues en avance *Biens non livrés ou services inachevés*
	Charges engagées à terme à échoir *Loyers, assurances, redevances de crédit-bail*
	Fournitures non stockées non consommées *Quantités importantes de fournitures administratives*
Produits constatés d'avance	Factures émises en avance *Biens non expédiés ou services inachevés*
	Produits facturés à terme à échoir *Prestations de services, loyers*

Comment comptabiliser une charge constatée d'avance ?

Le 01/11/N, la redevance trimestrielle de crédit-bail est enregistrée et payée pour 2 700 € HT. Le dernier mois concerne l'exercice N+1

① Ajustement : charge constatée d'avance

	31/12/N		
486	Charges constatées d'avance	900	
612	Redevances de crédit-bail		900
	CCA 2 700 x 1/3		

② Extourne de l'écriture au 01/01/N+1

	01/01/N+1		
612	Redevances de crédit-bail	900	
486	Charges constatées d'avance		900
	Extourne des CCA		

Comment comptabiliser un produit constaté d'avance ?

Le 01/10/N, le loyer semestriel du magasin a été facturé pour 1 200 €

① Ajustement : produit constaté d'avance

	31/12/N		
7083	Locations diverses	600	
487	Produits constatés d'avance		600
	PCA 1 200 x 3/6		

② Extourne de l'écriture au 01/01/N+1

	01/01/N+1		
487	Produits constatés d'avance	600	
7083	Locations diverses		600
	Extourne des PCA		

Comment identifier les charges à payer et produits à recevoir ?

Opérations rattachables à l'exercice mais non encore comptabilisées

Charges à payer	Produits à recevoir
Dans l'attente de la facture, la TVA est inscrite au débit du compte 44586 TVA sur factures non parvenues	Dans l'attente de la facture, la TVA est inscrite au crédit du compte 44587 TVA sur factures à établir

Quelles sont les principales opérations à payer et à recevoir ?

Charges à payer	Factures non encore reçues - *Achats de biens, de services*
	Frais engagés non encore facturés - *Électricité, eau*
	Avoirs non encore établis - *RRR à accorder aux clients*
	Dettes vis-à-vis du personnel - *Congés payés, primes*
Produits à recevoir	Factures non encore émises - *Ventes de biens, de services*
	Revenus acquis non encore facturés - *Prestations de services, loyers*
	Avoirs non encore reçus - *RRR à obtenir*

Quels sont les comptes de tiers utilisés pour enregistrer les charges à payer et les produits à recevoir ?

Charges à payer	1688 - Intérêts courus
	408 - Fournisseurs - *Factures non parvenues*
	4198 - RRR à accorder et avoirs à établir
	428 - Personnel - *Charges à payer*
	438 - Organismes sociaux - *Charges à payer*
	448 - État - *Charges à payer*
Produits à recevoir	2768 - Intérêts courus
	4181 - Clients - *Factures à établir*
	4098 - RRR à obtenir et avoirs non encore reçus

Comment comptabiliser une charge à payer ?

Le 30/12/N, le chef d'entreprise décide de verser une prime de fin d'année à ses salariés pour un total de 5 000 € (charges sociales de 50 % en plus). Cette prime sera versée avec le salaire de janvier N+1

1 Ajustement : charge à payer

	31/12/N		
6413	Primes et gratifications	5 000	
645	Charges sociales	2 500	
4286	Personnel - charges à payer		5 000
4386	Org. sociaux - charges à payer		2 500
	Prime de fin d'année à payer		

2 Extourne de l'écriture au 01/01/N+1

	01/01/N+1		
4286	Personnel - charges à payer	5 000	
4386	Org. sociaux - charges à payer	2 500	
6413	Primes et gratifications		5 000
645	Charges sociales		2 500
	Extourne prime à payer		

Comment comptabiliser un produit à recevoir ?

Au 31/12/N, les achats de matières premières réalisés avec le fournisseur ALPHA sont importants et donnent droit à une ristourne de 5 000 € HT. Le fournisseur établira l'avoir dans le courant du mois de janvier N+1

1 Ajustement : produit à recevoir

	31/12/N		
4098	RRR à obtenir	6 000	
6091	RRR sur achats de MP		5 000
44587	TVA sur factures à établir		1 000
	RRR à obtenir		

2 Extourne de l'écriture au 01/01/N+1

	01/01/N+1		
6091	RRR sur achats de MP	5 000	
44587	TVA sur factures à établir	1 000	
4098	RRR à obtenir		6 000
	Extourne RRR à obtenir		

Quels sont les livres comptables obligatoires ?

Le **PCG** rend obligatoire la tenue de livres comptables

- **Livre-journal**
  - Registre coté et paraphé
  - Document sous forme électronique assorti d'une authentification
- **Grand livre**
  - Aucune forme particulière

Qu'est-ce qu'une pièce justificative ?

Quel que soit le système comptable adopté par l'entreprise, toute opération enregistrée doit s'appuyer sur une pièce justificative.

Pièces justificatives

- Pièce émanant de tiers
  Facture, contrat, acte, correspondance
- Pièce interne
  Bulletin de paie, documents écrits de calcul, note interne
- Pièce récapitulative
  Bordereau de caisse enregistreuse, livre de ventes quotidien

Délai de conservation de 10 ans
Les pièces sont classées puis archivées sur un support fidèle et durable

Quels sont les deux systèmes comptables possibles ?

Système classique
Système basique adapté si les mouvements sont peu nombreux

→ **Journal unique**
Enregistrement de toutes les écritures par ordre chronologique

→ **Grand livre**
Les écritures du journal sont reportées au grand livre

Système centralisateur
Système évolutif

→ **Journaux auxiliaires**
Création de journaux et enregistrement des écritures par nature (achats, ventes, banque, caisse...)

→ **Grand livre**
Les écritures sont centralisées de façon périodique au grand livre

Quelle est l'utilité des comptes de liaison ?

Le système centralisateur impose l'utilisation de comptes de liaison pour les opérations qui concernent deux journaux

Le 15/10/N
Retrait d'argent liquide à la banque pour alimenter la caisse : 1 000 €

	15/10/N		
580	Virements internes	1 000	
512	Banque		1 000
	Retrait de la banque		

	15/10/N		
531	Caisse	1 000	
580	Virements internes		1 000
	Dépôt à la caisse		

LES DOCUMENTS DE SYNTHÈSE 20

Les documents de synthèse sont des états périodiques présentant la situation et les résultats de l'entreprise. Avant de les établir, il est nécessaire de procéder à la clôture de l'exercice comptable.

Comment clôturer un exercice comptable ?

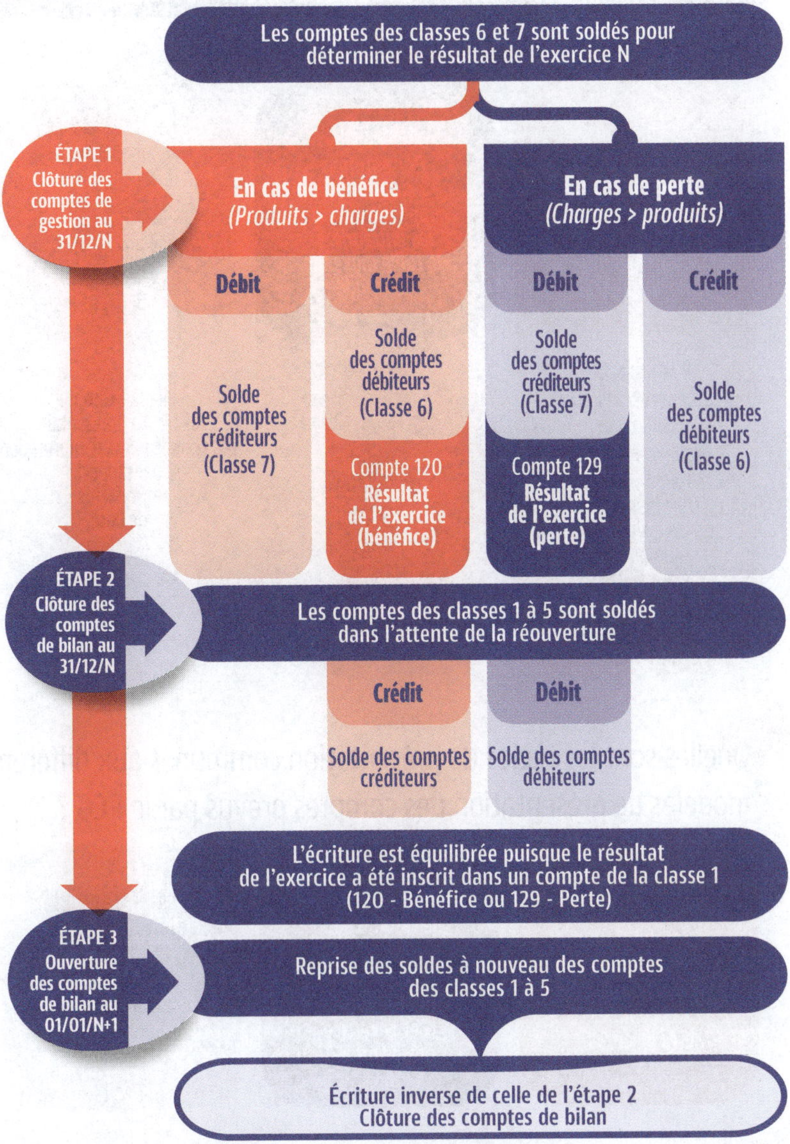

Quelles sont les différences entre les modèles de présentation des comptes prévus par le PCG ?

Le PCG prévoit trois modèles de présentation des comptes

Système abrégé	Système de base	Système développé
Présentation simplifiée qui peut être adoptée par les petites entreprises (CA < 8 M€ et moins de 50 salariés)	*Présentation courante qui s'applique à toutes les entreprises de taille moyenne et grande*	*Présentation facultative qui fournit des informations plus détaillées et des documents complémentaires d'analyse*
Bilan simplifié Compte de résultat simplifié *Annexe simplifiée* *Les micro-entreprises sont dispensées de présenter une annexe (CA < 700 K€ et moins de 10 salariés)*	Bilan Compte de résultat Annexe	Bilan et compte de résultat présentant des compléments d'information par rapport au système de base Annexe détaillée

Quelles sont les règles de présentation communes aux différents modèles de présentation des comptes prévus par le PCG ?

- Le bilan et le compte de résultat sont établis à partir de la balance générale des comptes après inventaire
- Le bilan et le compte de résultat sont des documents comparatifs entre l'exercice N et l'exercice précédent N-1
- Le bilan et le compte de résultat négligent les centimes : tous les chiffres communiqués sont arrondis à l'euro près

Que contient l'annexe aux comptes ?

L'annexe est un document qui permet de compléter et de commenter l'information donnée par le bilan et le compte de résultat

Informations portant sur les règles et méthodes comptables

Adaptation professionnelle du PCG
Dérogations aux principes comptables
Méthodes retenues en cas de choix
Changements de méthode

Compléments d'information relatifs au bilan et au compte de résultat

En tout, une trentaine d'éléments différents d'information selon le mode de présentation des comptes adopté par l'entreprise

21 LA DÉMATÉRIALISATION DES TRAITEMENTS COMPTABLES

Dans un contexte de transition numérique, la comptabilité est impactée par les évolutions technologiques.

Qu'est-ce que la dématérialisation des documents ?

La dématérialisation est le fait de rendre immatériel un document ou une procédure

→ Le papier est remplacé par des fichiers numériques qui peuvent facilement être stockés et échangés

À quelles conditions un document numérique est jugé fiable ?

La force probante d'une copie numérique est identique à celle de la pièce originale si son intégrité peut être garantie par le respect des conditions suivantes :

- Le document numérisé doit être une reproduction à l'**identique du document papier**
- Le document numérisé doit être conservé au **format PDF**
- Le document numérisé est **authentifié par empreinte numérique, signature électronique ou horodatage**
- L'archivage doit faire l'objet d'une organisation précise, documentée et il doit être contrôlé régulièrement

Qu'est-ce que la facture électronique ?

Une facture électronique est une facture créée, transmise, reçue et archivée sous forme électronique

4 conditions de validité :

- Nécessité d'un accord préalable explicite du destinataire
- Garantie de l'authenticité de son origine
- Garantie de l'intégrité du contenu (document non modifiable)
- Respect des mentions obligatoires identiques à celles d'une facture papier

Qu'est-ce que la GED ?

Capture
- Numérisation de documents papier existants
- Documents électroniques
- Fichiers issus d'Échanges de données informatisés (EDI)

Classement
- Description du document et de son contenu
- Indexation par type
- Attribution de mots-clés

Stockage
- Support adapté au volume
- Organisation rationnelle des documents
- Respect des durées de conservation
- Sécurité des documents

Diffusion
- Mise à disposition des documents
- Accès local ou par le Web

Qu'est-ce qu'un coffre-fort numérique ?

Le coffre-fort numérique est un espace numérique permettant de conserver durablement et de façon sécurisée et confidentielle les documents vitaux d'une organisation.

Utilité d'un coffre-fort numérique

- **Archivage à vocation probatoire** : Conservation durable des documents électroniques en perpétuant leur force probante vis-à-vis des tiers, de l'administration ou des tribunaux
- **Confidentialité des documents et des échanges** : Protection face aux risques de consultation et de détournement des documents par des tiers
- **Sécurité des données** : Protection face aux risques de perte ou détérioration des documents

Quels sont les principes des procédures fiscales dématérialisées ?

Obligation de téléprocédure
(télédéclaration et télépaiement)

Déclaration de résultats
Impôt sur les sociétés
TVA

Procédures EDI
Échange de données informatisé

Transmission électronique des données à partir du logiciel comptable via le protocole TDFC (Transmission des données comptables et fiscales)

- Par un tiers en charge de la gestion de l'entreprise (expert-comptable, centre de gestion agréé)
- Par l'entreprise elle-même uniquement si elle dispose d'un module EDI associé au logiciel comptable
- Par un prestataire technique EDI si l'entreprise ne dispose ni des compétences ni de l'outil logiciel adapté

Procédures EFI
Échange de formulaires informatisé

Déclaration réalisée directement en ligne

- Procédure qui ne nécessite pas de disposer d'un logiciel agréé
- Procédure impossible pour certaines déclarations qui doivent être obligatoirement en EDI

Que faut-il savoir sur le FEC (Fichier des écritures comptables)

En cas de contrôle de l'administration fiscale, les contribuables qui tiennent leur comptabilité au moyen de systèmes informatisés doivent la présenter sous la forme d'un fichier FEC.

Pourquoi faut-il établir un FEC ?	L'administration fiscale a rendu obligatoire la production du FEC pour servir de base de vérification des comptabilités informatisées.
Quand faut-il fournir le FEC ?	Le FEC doit être remis au vérificateur dès le début du contrôle. Il doit être établi de façon préventive à la clôture de chaque exercice comptable.
Quelles entreprises sont concernées ?	Toutes les sociétés astreintes à des obligations comptables et qui tiennent la comptabilité sous une forme informatisée
Quel est le contenu d'un FEC ?	Toutes les écritures comptables de l'exercice par ordre chronologique
Quel format respecter ?	Fichier texte présentant les items de façon structurée Fichier structuré codé en XML (langage à balises)
Comment générer le FEC ?	Directement à partir du logiciel de comptabilité

Quels sont les différents types de logiciels comptables ?

Toutes les entités qui n'externalisent pas leur comptabilité doivent disposer d'un outil comptable qui s'adaptera à leurs besoins spécifiques :

Logiciel de comptabilité	• Logiciel autonome assurant l'essentiel des obligations comptables et fiscales
Suite logicielle de gestion	• Ensemble de logiciels compatibles (Comptabilité - Gestion commerciale - Immobilisations - Paie)
ERP *Entreprise ressource planning*	• Également appelé PGI • Modules logiciels de gestion de tous les processus opérationnels organisés autour d'une base de données unique

Que peut-on faire avec un logiciel comptable ?

La fonction première d'un logiciel de comptabilité est la tenue de la comptabilité de l'entreprise, mais de nombreuses fonctionnalités additionnelles permettent d'en faire un outil de gestion complet.

ENREGISTRER	CONTRÔLER	DÉCLARER	ANALYSER	COMMUNIQUER
• Plan comptable • Journaux • Saisies	• Balances • Lettrage • Rapprochement	• TVA • Résultats • FEC	• Comptabilité de gestion • Tableaux de bord	• Exports • Intégration bancaire • Lecture optique

Comment paramétrer un logiciel comptable ?

Paramétrer un logiciel permet d'adapter son utilisation aux spécificités de l'activité et aux besoins des utilisateurs.

Identité
- **Identification et coordonnées de l'entreprise**
- **Dates de l'exercice comptable**

Journaux
- **Journaux auxiliaires adaptés à l'entreprise**

Plan de compte
- **Personnalisation des comptes à l'activité de l'entreprise**

Gestion des tiers
- **Comptes de tiers - contacts et conditions commerciales**

Gestion de la TVA
- **Régime et taux de TVA**
- **Paramétrage de la déclaration de TVA**

Quels sont les modes d'automatisation des saisies comptables ?

La saisie comptable, qui permet l'enregistrement des écritures dans les différents journaux, est une tâche fréquemment automatisée.

Modalités de saisie comptable

- **Saisie manuelle**
  - Simple
  - Assistée par un modèle de saisie automatique
- **Saisie automatique**
  - Générée par l'interface entre le logiciel de comptabilité et un logiciel compatible (gestion commerciale ou paie)
  - Générée directement au sein de l'ERP grâce à un paramétrage spécifique des opérations
- **Saisie dématérialisée**
  1) Lecture optique des documents dématérialisés
  2) Reconnaissance optique de caractères
  3) Proposition automatique de l'écriture comptable
  4) Validation humaine avant enregistrement

Quels sont les impacts de la transformation digitale sur les pratiques comptables ?

La digitalisation dans le domaine comptable se traduit par une dématérialisation des flux entrants, des flux sortants et du stockage des documents.

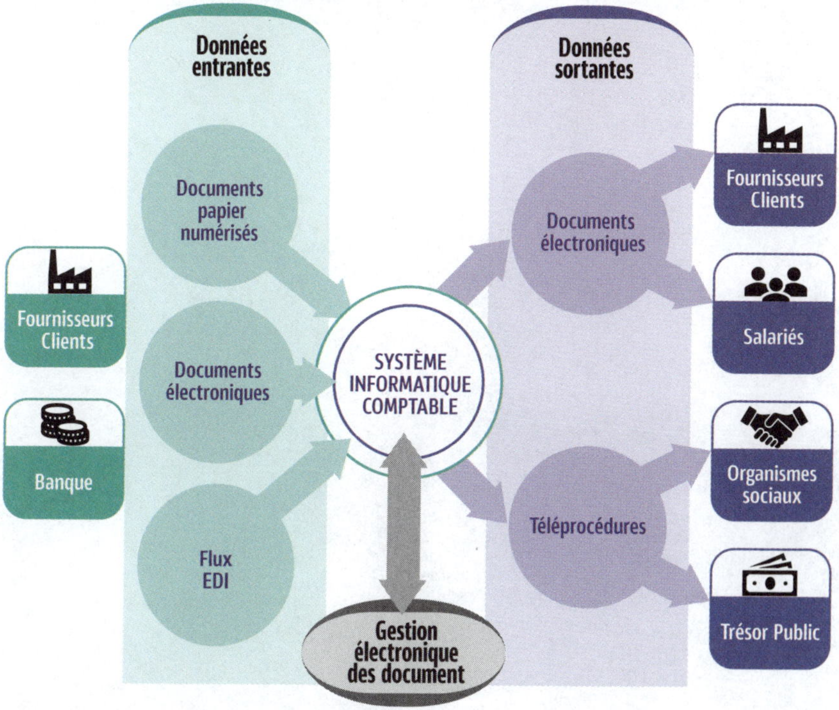

La transformation digitale est source de nombreux avantages pour les organisations, à condition de prendre en considération les conditions pour générer les bénéfices attendus.

Les avantages	Les points de vigilance
Gagner du temps	Disposer d'un système d'information performant
Limiter le risque d'erreurs	Paramétrer de façon rigoureuse les logiciels
facilité les recherches	Former les salariés
Tracer et sécuriser les flux	Mettre en place une solution d'assistance
Gagner de la place	Maîtriser les règles juridiques de validité des documents

ISBN 978-2-216-16815-6

PAPIER À BASE DE FIBRES CERTIFIÉES

FOUCHER s'engage pour l'environnement en réduisant l'empreinte carbone de ses livres. Celle de cet exemplaire est de :
350 g éq. CO_2
Rendez-vous sur www.editions-foucher-durable.fr

Maquette-mise en page : Sylvie Vaillant

PARIS – MARS 2023 – MV – MP – JV

Achevé d'imprimer en France par Dupliprint - 733, rue Saint-Léonard - 53100 Mayenne
N° d'impression : 2979779J - Dépôt légal n° 16815-6/01 - mai 2023

IMPRIM'VERT
Votre imprimeur agit pour l'environnement

SELIG SIND, DIE DA GEISTLICH ARM SIND; DENN IHRER IST DAS HIMMELREICH.
SELIG SIND, DIE DA LEID TRAGEN; DENN SIE SOLLEN GETRÖSTET WERDEN.
SELIG SIND DIE SANFTMÜTIGEN; DENN SIE WERDEN DAS ERDREICH BESITZEN.
SELIG SIND, DIE DA HUNGERT UND DÜRSTET NACH DER GERECHTIGKEIT; DENN SIE SOLLEN SATT WERDEN.
SELIG SIND DIE BARMHERZIGEN; DENN SIE WERDEN BARMHERZIGKEIT ERLANGEN.
SELIG SIND, DIE REINEN HERZENS SIND; DENN SIE WERDEN GOTT SCHAUEN.
SELIG SIND DIE FRIEDFERTIGEN; DENN SIE WERDEN GOTTES KINDER HEISSEN.
SELIG SIND, DIE UM DER GERECHTIGKEIT WILLEN VERFOLGT WERDEN; DENN IHRER IST DAS HIMMELREICH.